Josef Kohler

Moderne Rechtsprobleme

Elibron Classics
www.elibron.com

Elibron Classics series.

ISBN 0-543-96941-X (paperback)
ISBN 0-543-96940-1 (hardcover)

This Elibron Classics Replica Edition is an unabridged facsimile
of the edition published in 1913 by B. G. Teubner, Leipzig und Berlin.

Ein vollständiges Verzeichnis der Sammlung „Aus Natur und Geisteswelt" befindet sich am Schluß dieses Bandes.

Aus Natur und Geisteswelt
Sammlung wissenschaftlich-gemeinverständlicher Darstellungen
128. Bändchen

Moderne Rechtsprobleme

Von
Josef Kohler
ordentlichem Professor an
der Universität Berlin

Zweite, durchgearbeitete Auflage

Druck und Verlag von B. G. Teubner in Leipzig und Berlin 1913

Vorwort.

Die zweite Auflage ist in einigen Teilen geändert, insbesondere sind die Belegstellen an den Schluß verwiesen worden, um den volkstümlichen Charakter der Schrift zu wahren. Die Weiterstrebenden kann ich auf mein unterdessen erschienenes Lehrbuch der Rechtsphilosophie (1909), meine Gedanken über die Ziele des heutigen Strafrechts (1909), meine Einführung in die Rechtswissenschaft (vierte Auflage 1912) und meinen Grundriß des deutschen Strafrechtes (1912) verweisen.

Eine italienische Übersetzung der ersten Auflage der Modernen Rechtsprobleme ist erschienen von Luigi Lordi: Moderni problemi del diritto (1909) mit Vorwort von Luigi Ferrara.

Berlin, 9. März 1913.

Josef Kohler.

Inhaltsverzeichnis.

		Seite
I.	Das Problem der Rechtsphilosophie	1
II.	Probleme des Strafrechts	15
	1. Das Problem der Willensfreiheit	15
	2. Charakter des Strafrechts	35
	3. Strafrecht und sittliche Hilfe	40
	4. Strafe und Sicherung	42
	5. Kriminalität und Vorbeugungsmittel	44
	6. Verbrechertypen	50
III.	Probleme des Strafprozesses	54
	1. Allgemeines	54
	2. Der Unschuldige	61
	3. Beweiserhebung und Seelenlehre	65
	4. Schwurgericht	70
IV.	Probleme des Genossenschaftsrechts	74
V.	Probleme des Zivilprozesses	80
VI.	Probleme des Völkerrechts	88
	Bemerkungen	96

I. Das Problem der Rechtsphilosophie.

§ 1.

Nachdem man 50 Jahre lang die Philosophie vollständig aus der Rechtswissenschaft zurückgedrängt hatte und kaum noch von der Rechtsphilosophie sprach, sie meist auch nur deshalb in den Vorlesungen mit führte, weil es einmal so üblich war, nachdem wir vollständig in das unphilosophische Zeitalter eingerückt waren, bis schließlich durch die Plattheiten Iherings auf einmal die Welt erschrocken aufgerüttelt wurde und man bestürzt fragte, ob denn derartige Seichtigkeiten die Blüte des neuzeitlichen Denkens seien, ist nunmehr ein erfreulicher Umschwung eingetreten, und man hat eingesehen, daß das Recht vor allem der Philosophie bedarf und daß ohne sie alle unsere Bestrebungen nur die aufgelösten Teile sind, denen jede zusammenfassende Kraft fehlt. Der Satz der geschichtlichen Rechtsschule von der Relativität des Rechts, den ja auch wir in der vergleichenden Rechtswissenschaft immer und immer wieder betonen, ist völlig mißverstanden worden. Weil das Recht relativ und durch die Kulturinteressen beeinflußt ist, glaubte man, daß es überhaupt der Grundgedanken entbehrte; man ließ alle Unterschiede zwischen dem sein sollenden und dem seienden Recht fahren und kam schließlich zu dem abenteuerlichen Ergebnis; das Recht, das besteht, ist das sein sollende, und das eine ist so gerecht wie das andere. Es wäre daher ebenso gerecht, wenn ein Gesetz bestimmt, daß die kleinen Kinder aufgezogen werden müssen, als wenn ein anderes die Vorschrift gäbe, daß daß man die Zwillinge ermorden oder jedes dritte Mädchen in das Wasser werfen solle. Und wenn ein Gesetz etwa verlangte, daß die Bürger in den Kostümen der Sechsundsechzigkarten auf der Straße zu erscheinen hätten, so wäre dies ebenso gerecht, wie wenn man den Mörder im Rathaus bewirtete und den brävsten Mann an den Galgen knüpfte. Derartige Auswüchse des Positivismus waren so haarsträubend, daß die richtige Idee, die ich schon seit Jahren gelehrt, nicht mehr verborgen bleiben konnte, nämlich: das Recht ist zwar relativ, aber es hat seine allgemeine Bestimmung im Kulturleben des Volkes und soll eine Förderung des Kulturlebens sein. So verschieden es im einzelnen ist, so gleichartig ist die Grundbestrebung, nämlich die Kulturförderung durch die Zwangsordnung der Dinge, und wenn es kein absolutes Recht gibt für alle Zeiten, so gibt es doch eine für alle Zeiten gültige Beziehungsnorm, nämlich die Beziehungsnorm zwischen dem Recht und zwischen der Kultur, die nur eben bei der unendlichen Verschiedenheit der menschlichen Bildungszustände einen verschiedenen Inhalt annehmen muß; ganz ebenso wie die organischen Wesen von einem einheitlichen Triebe erfaßt sind, der aber nach Maßgabe der Daseinsbedingungen zu den mannigfaltigsten Einzelgestaltungen führen wird.

Dies ist die einzig richtige Versöhnung zwischen der Rechtsphilosophie und der Rechtsgeschichte, und diese Versöhnung war angebahnt durch den Gedanken, daß das Recht eine Kulturerscheinung, und durch den zweiten Gedanken, daß die Kultur der Menschen eine sehr mannigfaltige ist.

Die Kultur aber ist die Entwickelung der in der Menschheit liegenden Kräfte zu dem Zwecke der höchstmöglichen Entfaltung der menschlichen Kenntnis und der menschlichen Schöpfungsgewalt.

Ist auf solche Weise das Recht in den Strom der Kultur hineingestellt, so ist es zu gleicher Zeit hineingestellt in die ganze Entwickelungsgeschichte der Menschheit, denn Kulturgeschichte ist Entwickelungsgeschichte; und mithin kann das Recht nur erkannt werden als geschichtliches Ergebnis des menschlichen Bildungsbestrebens und als ein den Erfordernissen der Weltentwickelung entsprechendes Mittel der Weiterbildung und des Weltfortschritts.

Wer daher das Recht erkennen will, der muß die Kultur erkennen und muß erkennen, welche Ziele die menschliche Kultur verfolgt; dies führt uns sofort in die Philosophie hinein, und wie jeder Teil der Philosophie, so kann auch dieser nur im Zusammenhang erkannt werden. Nur wer eine Weltanschauung die seinige nennt, nur der kann die Kulturentwickelung in ihrer Bedeutung erfassen und die Elemente würdigen, die teils Erzeugnisse der Kultur, teils Förderungsmittel ihrer Weiterbildung sind. Das hätte nie verkannt werden sollen, und völlig verkehrt ist die Anschauung, als ob eine Weltphilosophie überhaupt nur Sache des Glaubens, nicht auch des Wissens sein könne; denn wenn der Glaube in Gefühlsweise die Denkbahnen überspringt und sich eine intuitive Brücke baut zu den höchsten Problemen, so ist damit nicht ausgeschlossen, daß unser eigenstes Denken ebenfalls die Probleme der Welt ins Auge faßt und daß wir sie mit den Hilfsmitteln der strengsten Wissenschaft in Angriff nehmen und zu lösen suchen.

§ 2.

Nichts Verkehrteres gibt es als jene positivistische Weltanschauung, die einfach von gegebenen Daten ausgeht und nicht glaubt, daß wir in das Innere der Welt eindringen können. Was man in dieser Hinsicht behauptet, ist schon längst vorher durch die griechischen Sophisten aufgestellt und schon längst durch die tiefere griechische Philosophie widerlegt worden.

Vor allem kann keine Weltanschauung der einen großen Frage entraten, wie wir uns zur Außenwelt stellen sollen, ob wir sie nur als das Ergebnis unserer eigenen inneren Vorstellung zu betrachten haben, oder ob unserer Vorstellung etwas Äußeres zugrunde liegt, das in gleicher Weise auch besteht, wenn wir uns selbst und unser ganzes Wesen wegdenken. Nehmen wir an, daß die ganze Anschauung, die wir von den Dingen haben, ein einziger großer Trug unseres Innern sei oder daß die Dinge der Außenwelt nach ihrer Einwirkung auf uns in unserem Inneren eine solche Fälschung erfahren, daß wir nicht in der Lage sind, durch Verbesserung der Fehler das Richtige herauszufinden, dann müssen wir überhaupt unsere Wissenschaft aufgeben und uns dem öden Skeptizismus widmen. Keine Wissenschaft kann daher über diese erkenntnistheoretische Frage hinauskommen. Diese Frage aber kann nur auf philosophischem Wege, nicht durch die Mittel der Sinneserkenntnis gelöst werden; denn es handelt sich hier gerade darum, zu erforschen, welche Beziehung diese Sinneserkenntnis zur Außenwelt hat, und diese Frage liegt über der sinnlichen Wahrnehmung.

Dazu kommt noch das Weitere, daß, selbst wenn man nicht so weit in das Wesen der Sache dringt, man doch erkennen muß, daß all unsere Wissenschaft niemals bei den sinnlichen Wahrnehmungen stehen bleibt, sondern die Wahrnehmungen verbindet und daraus Gesetze abzuleiten sucht, sei es nun auf dem Wege des auflösenden Schlusses oder auf dem Wege der Zusammenfassung; und wenn man insbesondere kraft der Beobachtung (Induktion) schließen will, so muß dem Induktionsschluß eine Beziehung des Geistes zur Welt des Geschehens zugrunde liegen: denn wir müssen doch eine Grundlage dafür haben, daß unsere Schlußfolgerungen keine müßigen Hirngespinste sind, sondern uns auf Ergebnisse bringen, die mit der Welt außer uns übereinstimmen. Wer sich keine Brücken baut zwischen unserem Denken und der Außenwelt, der arbeitet zum Voraus schon ohne Halt und ohne jeden Standpunkt. Wem Begriffe und Denken nichts sind, der kann auch nicht über die erste Beobachtung hinaus! Wer irgend etwas Wissenschaftliches leisten will, muß sich klar werden, was das menschliche Denken bedeutet und in welchem Verhältnis es zur Welt der Erscheinungen steht. Das ist aber nur möglich durch die Philosophie.

Die ganze Anschauung also, welche die Philosophie aus der Wissenschaft entfernen und die Wissenschaft einfach auf den sinnlichen Daten aufbauen will, ist unhaltbar; nicht nur ist die Philosophie eine Wissenschaft, sondern ohne Philosophie keine Wissenschaft.

Wenn wir nun aber doch in der Wissenschaft Gesetze aufstellen, die niemand sieht und hört, wenn wir einen Raumbegriff annehmen, den niemand mit den Sinnen wahrgenommen hat, wenn wir aus der Vielheit der ähnlichen Eindrücke Induktionsfolgerungen ziehen, so ist es nur ein weiterer Schritt, daß wir auch in das Gebiet der Metaphysik steigen. Wir schließen aus dem Sein und Werden, daß dem Ganzen eine mit unbewußtem Zweckbestreben ausgestattete Gesamtkraft zugrunde liegt, und wie wir die Organe des Einzelwesens zu einem Gesamtorganismus zusammenstellen, so kommen wir zur Überzeugung, daß auch der Geschichte eine organische Entwickelung zugrunde liegt; und wenn wir die zeitliche Entfaltung der Dinge betrachten, so nehmen wir das merkwürdige Schauspiel wahr, daß wir in der späteren Entwickelung die Weiterbildung der Keime erblicken, die in der Anlage bereits vorhanden waren. Wir sehen, daß nicht nur Pflanzen und Tiere, sondern daß auch Gesamtheiten, daß ganze Völker einen bestimmten Fortschritt aufweisen, daß in der Gesamtheit sich ein Völkercharakter darstellt, und daß jedes Volk gewisse Eigentümlichkeiten zeigt, die es von anderen unterscheiden; und auf solche Weise gelangen wir dazu, das zeitliche Werden nach einer gewissen Kausalität zu verknüpfen und den Satz aufzustellen, daß es undenkbar ist, daß eine solche Entwickelung sich in atomistischer Weise vollzöge und die Einzelwesen ohne inneren Zusammenhang nebeneinander stünden.

Auf solche Weise gelangen wir zu den Grenzen des sog. empirischen Erkennens, und die Frage über die Bedeutung und Bestimmung der

Kultur führt uns über die Schranken des empirischen Wissens hinaus, in die Welt der sog. Metaphysik hinein. Hier ist manches problematisch, denn wie können wir auf diesen Höhen zur letzten Erkenntnis gelangen? Aber immerhin ist das eine sicher, daß die Menschheit Beziehungen zum Weltganzen hat und die Kulturentwickelung der Menschheit mit den Zwecken des Weltgeschickes in Verbindung steht. Wer daher in der Schöpfung nur ein zusammenhangloses Weben äußerlicher Kräfte sieht, der zeigt, daß er nicht bis zu dieser Stufe des Denkens gelangt ist; er kann hier überhaupt nicht mitreden: ihm fehlt jedes Erkennungsvermögen, um die Bedeutung der ganzen Menschheitsentwickelung auch nur zu ahnen; ihm bleibt aber auch die ganze Kultur unverständlich: er vermag jedenfalls keine Anknüpfung zu finden und kann im ganzen nur ein Kaleidoskop erblicken, das ein beliebiges prismatisches Bild gibt, alles mit Zufälligkeiten und ohne Sinn und Folge.

Diese ganze Verknüpfung zwischen Kultur und zwischen Weltentwickelung verdanken wir zunächst den großen Denkern des Altertums; sie war die Idee des Plato ebenso wie die des Aristoteles, aber am glänzendsten und nachdrücklichsten hat sie Hegel in seinen gewaltigen Gedanken zum Ausdruck gebracht.

§ 3.

Man hat Hegel mit Darwin verglichen; aber die Entwickelungslehre Hegels greift viel tiefer als die mechanische und äußerliche Entwickelungslehre Darwins. Sie sagt nicht etwa, daß sich kraft gewisser Zufälligkeiten die verschiedenen Arten vom Unvollkommenen zum Vollkommenen herangebildet haben, sondern sie geht davon aus, daß zu allem, was wird, der Keim bereits im Vorhandenen liegt. Die Entwickelung ist daher eine weitere Entfaltung der im Innern liegenden Kräfte, und es handelt sich hier nicht etwa um bloße zoologische oder botanische Artenentwickelung, sondern es handelt sich um die ganze Entwickelung im Fortgang des Weltprozesses und vor allem um die Entwickelung der menschlichen Kultur.

Die Entwickelungslehre ist daher mit dem Problem der Zeit insofern verbunden, als dasjenige, was sich in der Zeit entwickelt, bereits an der Schwelle der Erscheinung im Keim vorhanden sein muß und nur in der Zeit seine weitere Entfaltung findet. Die Entwickelungslehre setzt daher zwar die Wirklichkeit der Zeit voraus, allein sie beruht andererseits auf der Erkenntnis, daß das Zeitliche auf ein Außerzeitliches und Außerräumliches zurückführt, und daß über Raum und Zeit eine höhere Wesenheit schwebt. Die Entwickelungslehre beruht ferner auf dem Grundgedanken von Einheit und Mannigfaltigkeit und ihrer Versöhnung durch das Ursächlichkeitsgesetz: die Ursächlichkeit verbindet das Gestrige mit dem Heutigen zu einer irdischen-überirdischen Einheit.

Nur wem diese Probleme vertraut sind, der kann über die Philosophie des Rechtes mitsprechen. Die Lösung der letzten Frage der Entwickelung liegt in der Relativität von Raum und Zeit, in der Relativität des Einheits- und Mannigfaltigkeitsbegriffes.

Raum und Zeit walten in der *Welt der Erscheinung*: sie *sind kein Schein*; sie sind *Wirklichkeit*. Die Ansicht, als ob sie nur subjektive Zutat unseres Geistes wären, ist irrig. Ihre Wirklichkeit wird nicht nur durch die Sinnfälligkeit unserer Beobachtung dargelegt, sondern auch durch unsere Körperlichkeit inmitten des gleichzeitigen oder verschiedenzeitigen Andersseins. Von selber zeigt unsere Körperlichkeit in der Welt der Erscheinungen ein Sonderdasein nach der Richtung von Raum und Zeit. Der Zweifel an einem solchen Sondersein wäre daher schließlich der Zweifel an unserer eigenen Körperlichkeit und damit an unserem eigenen Wesen. Unser eigenes Wesen kann sich nicht aus Raum und Zeit herausflüchten, so daß es sich ihnen gegenüber als etwas anderes darstellen könnte: es muß in Raum und Zeit walten; und wenn wir daher an uns selbst glauben, so müssen wir auch an das Vorhandensein von Zeit und Raum glauben.

Wir nehmen Zeit und Raum an, und ebenso nehmen wir eine *Einheit und Vielheit der Wesen* an; *die Lösung des Gegensatzes zwischen Einheit und Vielheit* liegt in dem *Gesetz der Ursächlichkeit*, in dem *Kausalgesetz*: das Kausalgesetz verbindet die Einzelheiten zu einem großen Ganzen, es gibt damit zugleich der Geschichte ihren Halt; denn auch in der geschichtlichen Entwickelung sind die Einzelheiten durch das Gesetz des Grundes miteinander verknüpft, und dieses bildet die Gelenke und Fasern, welche die einzelnen Entwickelungsorgane zusammenhalten.

Aber wir glauben an alles dieses *in relativer Weise*; denn wir sind überzeugt, daß der zeitlich-räumlich-ursächlichen Entwickelung ein *zeit- und raumloses Ganze zugrunde liegt* und daß die Entwickelung im Lichte dieser Gesamtheit zu erkennen ist, ja, daß *die Entwickelung erst durch die Annahme eines solchen*

Ganzen verstanden werden kann, da die Entwickelung voraussetzt, daß die Zukunft bereits im Schoße der Vergangenheit und Gegenwart liegt.

§ 4.

Wir gehen von Hegel aus, aber wir bleiben nicht bei Hegel stehen. Die Weltauffassung Hegels ist eine rein rationale: Hegel beobachtet, daß in unserem Denken ein stetes Setzen und Aufheben von Begriffen zu vermerken ist, und daß sich unsere geistige Entwickelung in der Art vollzieht, daß von dem einmal gesetzten Begriff das Richtige bleibt und das Unrichtige zerfällt. Die begriffliche Aufhebung ist aber nie eine volle Aufhebung, sondern nur die Reinigung des Gesetzten von seinen unlauteren Bestandteilen. Dies hat Hegel nun zu einer völligen Vergleichheitlichung in der Weltentwickelung geführt: das Sein ist Denken und das Denken ist Sein, und mithin ist die Entwickelung der Welt ebenfalls ein solches Setzen und Aufheben von Begriffen. Diese Vergleichheitlichung ist insofern richtig, als man das Weltdenken von unserem menschlichen Denken scheidet und die zweckstrebenden Bewegungen im Weltall als eine Art unbewußten Denkens betrachtet, sofern auch in ihnen ein geistiger Gehalt, ein vernünftiges Fortschreiten, eine vernunftentsprechende Entfaltung zu bemerken ist. Unrichtig wird aber die Vergleichheitlichung, wenn man sie in vermenschlichender Weise gestaltet, indem man das Denken des Weltalls dem Denken des Menschen vollständig angliedert. Das ist ebenso unrichtig wie die Annahme der Scholastiker, welche der Gottheit menschliches Denken und Wollen zuschrieben. In diese Irrung ist aber die Hegelsche Philosophie ausgelaufen. Erhebt man sich darüber, dann erkennt man die Richtigkeit seines Systems, und dann ist es einem jeden sicher, daß die Weiterentwickelung der Philosophie hiervon und nur hiervon ausgehen muß: wir müssen nur eben das Denken des Weltalls von dem menschlichen Denken scheiden; das Denken des Weltalls in bezug auf den Menschen ist Kultur:

> Mein Schlaf ist Träumen,
> mein Träumen Sinnen,
> mein Sinnen Walten des Wissens.
> Doch wenn ich schlafe,
> wachen Nornen:
> Sie weben das Seil
> und spinnen fromm, was ich weiß! — — —
>
> [Wagner, Siegfried.]

Hegels Philosophie war ja nur insofern ein fehlgeschlagener Versuch, als sie die Kategorien des menschlichen Denkens auf die Art der Weltentwickelung übertrug. Wir müssen tiefer greifen, wir müssen durch eine reichliche Erfahrung die Gesetze der Weltentwickelung in der menschlichen Kultur kennen lernen; und erst von da aus kann es uns gelingen, über die Grundzüge der Entwickelung das Nötige auf empirischem Wege zu erfahren. Das ist das Wesen unseres Neuhegelianismus. Wir haben die große Hegelsche Entwickelungstheorie, die Idee von der Einheit in der Vielheit, die Idee von der Relativität der Zeit aufrecht erhalten, suchen aber diese Idee durch eine reiche Erfahrung, durch tausendfältiges Studium der Völker mit Inhalt zu erfüllen, indem wir durch empirische Beobachtungen die Gesetze des Weltalls erforschen. Der Mißgriff Hegels war seinerzeit unvermeidlich, da man damals noch nicht die nötige Kulturkenntnis hatte, um die Kulturentwickelung und ihre Kräfte zu erfassen, und um zu erforschen, in welcher Weise sich die Kulturentwickelung empirisch gestaltet. Das ist alles Sache der neueren Wissenschaft gewesen, und wir sind so weit gekommen, daß wir für das Recht, wie für die Religion gewisse in der menschlichen Seele liegende Bildner aufweisen können, welche kulturschaffend wirken. Wer behauptet, daß die Hegelsche Philosophie mit diesem Hegelschen Irrtum stehe und falle, der zeigt, daß er Hegel nicht erfaßt hat und Kern und Schale nicht zu unterscheiden weiß.

So wird die Hegelsche Vernunft zur menschlichen Kultur, und statt der Bewegung der Begriffe haben wir die Kulturgeschichte in dem Sinne, daß ein Vielfaches, Mannigfaches geschieht, daß aber hinter allem Geschehen ein zeit- und raumloses Ganzes steht, das sich in der Zeit entwickelt, das die in ihm liegenden Lebenskeime zur Entfaltung bringt, so daß das geschichtliche Geschehen nicht etwa ein Chaos blinder Einzelheiten, nicht ein Hin- und Herwirbeln zufälliger Vernunftatome ist, sondern daß das geschichtliche Walten einem großartigen Zwecke dient und daher vernünftig ist. So treffen wir mit Hegel zusammen, wenn er (Gesammelte Werke VIII S. 424) sagt:

„Gerechtigkeit und Tugend, Unrecht, Gewalt und Laster, Talente und ihre Taten, die kleinen und die großen Leidenschaften, Schuld und Unschuld, Herrlichkeit des individuellen und des Volkslebens, Selbständigkeit, Glück und Unglück der Staaten und der einzelnen haben in der Sphäre der bewußten Wirklichkeit ihre bestimmte Bedeutung und Wert und finden darin ihr Urteil und ihre, jedoch unvollkommene, Gerechtigkeit. Die Weltgeschichte fällt außer diesen Gesichtspunkten; in ihr erhält dasjenige notwendige Moment der Idee des Weltgeistes, welches gegenwärtig seine Stufe ist, sein absolutes Recht, und das darin lebende Volk und dessen Taten erhalten ihre Vollführung und Glück und Ruhm."

Diese Worte geben zugleich einen Begriff von der geistvollen, aber allerdings manchmal schwer verständlichen Schreibweise des Meisters.

Wenn man geltend gemacht hat, daß in unserem System ein Widerspruch bestehe zwischen der realen rechtsvergleichenden und universalrechtsgeschichtlichen Wissenschaft einerseits und der Ideenlehre andererseits, die uns aus Hegels Philosophie erwächst, so ist dies ein kurzsichtiger Irrtum; denn gerade in der Versöhnung der rationalen Idee mit der Wirklichkeit liegt das Große der heutigen Forschung; wir dürfen in der Fülle der Einzelheiten das Gesamte der Idee nicht vergessen, wir müssen in ihr die Ausflüsse des großen Gottesgedankens erkennen; das ist das Wesen des Neuhegelianismus: was wir im Einzelnen entdecken, schließt sich zum großen Ganzen.

Man hat noch einen anderen Widerspruch entdecken wollen, daß nämlich unser Pantheismus keinen Fortschritt ermögliche, indem die Weltentwickelung von Anfang bis zu Ende eine göttliche sei, so daß der Anfang ebenso vernünftig sei wie die Folge. Dies ist unrichtig: die Pflanze ist vernünftig vom Samen bis zum Sprößling und bis zur Frucht, und doch zeigt sich darin eine Entwickelung, und so besteht eine Entwickelung des Weltfortschrittes von Anfang bis zu Ende, und gerade sie ist das Vernünftige: denn Fortschritt ist das Wesen der Welt. Eben weil das Ewige sich im Zeitenschoße zutage ringt, muß eine Entwickelung walten; denn sonst wäre der ganze Prozeß kein Entwickelungsprozeß und das Walten der Gottheit wäre nicht ein dem Prozesse entsprechendes, es wäre im Widerspruch mit ihrem vernünftigen Sein.

§ 5.

Mit der Kulturentwickelung nun tritt das Recht in Verbindung: hier zeigt sich sofort seine gewaltige Aufgabe. Wie es keine Kultur ohne Religion gibt, so keine Kultur ohne Recht. Das Recht beruht auf der genossenschaftlichen Natur der Menschheit, welche von selber dazu führt, daß das Einzelwesen sich den Entwickelungsgesetzen der Gesamtheit fügt, so daß in der Gesamtheit der Elemente eine gewisse Ordnung herrschen muß. Nur derjenige kann nach der inneren Begründung des Bestehens einer Rechtsordnung fragen, der die

Menschheit atomistisch als eine Schar von Einzelwesen betrachtet und jedes dem Einzelwesen aufliegende Gesetz als eine Beschränkung und Fessel fühlt. Wer aber den einzelnen als Glied des Ganzen erkennt, wer die Gottheit in seinen Willen aufnimmt, der kann die Frage nach dem Grunde des Rechts gar nicht mehr aufwerfen, denn er weiß, daß eine Rechtsordnung zu den Daseinsbedingungen der Menschheit und der menschlichen Kultur gehört.

Auf der anderen Seite ist sofort ersichtlich, daß nicht jedes Recht, welches irgendwie denkbar ist, einer Kulturperiode entspricht, sondern nur ein solches Recht, welches dahin abzielt, die in der betreffenden Kultur liegenden Keime zu entwickeln und dem Ideal dieser Kultur nahe zu kommen. Und hierbei sind nicht etwa bloß die ökonomischen Verhältnisse von Bedeutung, sondern die ganze Denkweise der Menschheit, namentlich auch die religiösen Bestrebungen: das Recht muß dazu beitragen, die religiöse Idee zu fördern und ihre Verwirklichung zu sichern, ebenso wie es dahin streben muß, dem Volk so viel an Wohlsein zu sichern, als nötig ist, damit Lebenstrieb und Lust zum Schaffen nicht erstirbt. Ferner wird die Verschiedenheit in der Entwickelung der Einzelpersönlichkeiten wesentlich in Betracht kommen: bei manchen Völkern wird die Persönlichkeit sich ohne weiteres dem allgemeinen Drange fügen, bei anderen ist sie selbständig geartet, mit einzelhaften Sonderbestrebungen erfüllt, und man muß hier die rechtliche Ordnung so gestalten, daß einerseits die verderblichen Leidenschaften gezügelt, andererseits die leidenschaftliche Tatkraft, welche die Energie der Nation bildet, nicht ertötet und die Kraft des Volkes nicht entnervt wird. So ist man vom Gemeineigentum zum Sondereigentum gelangt, bei welchem der Einzelwille herrscht, von der Gruppenehe zur Einzelehe, wodurch unsere Familie ermöglicht wurde; so hat man durch Freigebung des Vertrages die Wirksamkeit der Einzelperson gesteigert, andererseits durch zwingende gesetzliche Normen im Dienstverhältnis und in vielen anderen Vertragsbeziehungen der Ausbeutung des Schwachen durch den Mächtigen ein Ziel gesetzt und zur Erhaltung des sozialen Friedens beigetragen.

Betrachten wir die Sache nach dieser Seite, so werden wir sagen: das Recht jeder Kulturperiode soll so gestaltet sein, daß es den Entwickelungskeimen eben dieser Kulturperiode entspricht, daß es dazu beiträgt, die ihr gemäße Gestaltung zu sichern und zu fördern.

Das Recht muß daher, um seinen Zwecken zu entsprechen, in jeder Kultur verschieden sein; in jeder Kultur wird aber wieder die Frage auftauchen, ob das vorhandene Recht dieser Kultur gemäß ist oder nicht; ist es ihr nicht gemäß, so ist es zu ändern: das Recht ist nach der Kultur und den Kulturbedürfnissen abzuwägen, und so läßt sich beurteilen, ob das Gesetz bleiben oder einem neuen Gesetze weichen soll.

Es gibt daher weder ein ewiges Recht, noch läßt sich in die Zukunft hinein prophezeien, wie es in Jahrhunderten gestaltet sein wird. Wer in die Jahrhunderte hinein prophezeit, hat sicher unrecht. Kein Plato und kein Aristoteles konnten unsere Zeiten vorausahnen, kein Papinian die Rechtssätze des Patentrechtes darstellen. Was wir vermögen, ist, die allgemeinen Grundzüge des Weltprozesses zu durchschauen und in die nächste Zeit hinein dem Fortschritt des Rechtes die Wege zu bahnen. Dagegen schwelgen wir in der Vergangenheit und stellen dar, wie der Geist des Rechtes hier gewaltet hat. Dem Rechtsphilosophen ist daher die Rechtsgeschichte ein steter Born der Belehrung.

Dabei muß eines noch in Betracht gezogen werden. Das Recht entwickelt sich in der menschlichen Geschichte, und in der Geschichte walten zwei Elemente, die Völkerseele und die Natur mit all ihrer unendlichen Mannigfaltigkeit von Daseinsformen und von immerwährenden neuen Geschehnissen. Beide Elemente werden mächtig in das Werden des Rechtes einwirken: auf der einen Seite die intellektuelle Begabung und die Richtung der menschlichen Leidenschaften, auf der anderen Seite die Gestaltung des Landes, in dem die Völkerschaft wohnt, ob Binnen-, ob Küstenland, ob Ebene, ob Gebirge; auch die Nähe oder Entfernung anderer Völkerschaften, mit denen sich ein Verkehr anbahnt, ist bedeutsam. Daher wird das Recht, so sehr sein Vorwärtsbestreben überall zu erkennen ist, doch recht mannigfaltige Schicksale haben: es wird auf- und absteigen, es wird, wie die Kultur, mitunter Zeiten des Stillstandes, ja des Niederganges erleben; denn oftmals muß die Volksseele schlummern, um neue Kräfte zu schöpfen, oftmals hat sie zu ringen, um widerstrebende Hemmnisse zu überwinden, oftmals wird sie, wie in den Hexenprozessen, zeitweise in pathologischen Orgien schwelgen, bis wieder die Zeiten der Vernunft zurückkehren.

§ 6.

Daraus ergibt sich von selbst der Unterschied zwischen unserer Rechtsbetrachtung und dem Naturrecht; es ist ein Unterschied wie der zwischen Theismus und Pantheismus (Panlogismus).

Wo der Theismus ein ewiges göttliches Recht, eine lex aeterna, da erkennt der Pantheismus ein sich entwickelndes Recht, ein Recht, das, der Kultur folgend, dem Fortschritt nachgibt und in den menschlichen Lebensverhältnissen sich gestaltet; ganz ebenso wie in der fortschreitenden Geschichte der göttliche Geist sich in immer neuer Weise zutage ringt.

Mit dem Pantheismus ist ein ewiges Naturrecht unverträglich: der Pantheismus mit seiner Weltentwickelung verlangt eine ständige Fortbildung, ein ständiges Fortschreiten des Rechts; und wie die Kultur in jedem Stadium ihres Werdens insofern göttlich ist, als sie eine Ausstrahlung göttlichen Wesens bildet und sich doch stetig entwickeln und weiter fortschreiten muß, so ist das Recht auf jeder Stufe göttlich und aus demselben Grunde stets wechselnd und veränderlich; schon darum kann von einem ewigen Rechte nicht die Rede sein.

Auch noch ein anderes Moment ist ins Auge zu fassen. Da die Weltentwickelung nicht im Mittelpunkte, sondern in der Peripherie des göttlichen Wesens steht, nicht seinem Sein, sondern seiner ewigen Tätigkeit entspringt, so kann auch das Recht, wie alle Kultur, stets nur ein unvollkommener Ausdruck der in der Göttlichkeit liegenden Bestrebungen sein, und daher ist jedes Recht insofern mangelhaft, als es nicht völlig den Anforderungen seiner Kultur entspricht, als ihm immer und zu jeder Frist ein trübendes Element beigemischt ist, das mehr oder minder beseitigt werden kann; und insofern ist das jeweilige Recht nicht etwa bloß entwickelungs- und fortschrittsfähig, sondern auch verbesserungsbedürftig.

Auf diese Weise wird die Rechtswissenschaft angeknüpft an die Universalwissenschaft der Philosophie, sie wird an die letzten Probleme der Denklehre angegliedert. Mit diesem Augenblick erst ist eine Rechtsphilosophie gegeben.

§ 7.

Wie weit man zurückbleibt, wenn man nicht auf eine Gesamtweltanschauung baut, das beweisen diejenigen Rechtsforscher, welche anstatt der Rechtsphilosophie eine Rechtslehre zu bilden versuchten und diese an Stelle der Rechtsphilosophie zu setzen unternahmen. Diese ganze Rechtslehre ist aber nichts anderes als eine ganz unfertige Rechtsvergleichung, welche aus den zufällig dem betreffenden Juristen bekannten, Rechten, — und die Zahl dieser Rechte pflegt meist keine überwältigende zu sein, — einige Abstraktionen zu schöpfen und einiges zu zergliedern sucht; dem vergleichbar, wenn etwa jemand in der Botanik einfach die Pflanzen seines Umkreises berücksichtigen und daraus ein System bilden, oder wenn etwa der Sprachforscher aus drei europäischen Mundarten das Wesen der Sprache, ihre Bedeutung und ihre Gesetze erkennen wollte. Pflegen doch diese Juristen nur selten auch nur das englische Recht heranzuziehen (mindestens im Privatrecht), und von einer Vergleichung der Gesetze der Ostasiaten oder gar der Rechtserscheinungen der Naturvölker ist bei ihnen keine Rede. Eine solche Art der Systembildung ist völlig unwissenschaftlich. Wir würden dem Botaniker sofort den Laufpaß geben, der nicht mikroskopierte, der die Kryptogamina unberücksichtigt ließe. Wie soll aber jemand die Bedeutung des Staates und seine Entwickelungsgeschichte erkennen, dem die älteren Bildungen ganz unbekannt sind, der von Totemismus und Gruppenehe nichts weiß? Und wenn man noch behauptet, daß über die älteren Perioden überhaupt nichts Sicheres zu ermitteln ist, so ist damit nur gesagt, daß, wer dies behauptet, nichts davon weiß; denn wir wissen über derartige Dinge mehr als über gewisse Perioden der griechischen und römischen Geschichte. Daher kann die Rechtsphilosophie nur auf Grund des Materials der Gesamtrechtsvergleichung erstehen; nur hierdurch können wir erkennen, wie die Menschheit sich ein Recht geschaffen und dieses Recht fortgebildet hat, wie das Recht der Kultur gefolgt und dem Geist der Kultur entsprochen hat. Die Universalrechtsgeschichte ist die einzige richtige Unterlage für die Rechtsphilosophie.

§ 8.

Noch sei auf einen Einwurf eingegangen, den Berolzheimer in seinem übrigens sehr verständnisvollen und tüchtigen Werk über die Rechts- und Wirtschaftsphilosophie II S. 439 gegen meine Lehre erhoben hat. Er nimmt an, daß meine Entwickelungslehre zu einer Art von Quietismus führe und daß damit die Bedeutung der einzelnen Persönlichkeit unterschätzt werde; daß bei ihr die Gegenwart zu kurz komme, denn diese gehe vollkommen in der Zukunft auf, da das Gegenwärtige nur als eine Entwickelungsform zur Bildung der Zukunft betrachtet werde.

Aber dies ist nicht zutreffend. Allerdings nehmen wir einen steten Fluß der Dinge an, aber wir schätzen darum nicht minder die Gegenwart, denn sie ist die Trägerin der Zukunft; und indem wir in der Gegenwart wirken, haben wir das freudige Zukunftsgefühl, daß es weiter gehe und auf der Gegenwart sich eine lebhafte Fortbildung der Kultur aufbaue. Wir sehen auch in der Gegenwart die Übermacht des Geistes und die stets wachsende Gottähnlichkeit.

Mephisto mag die Ansicht aufstellen: „Vorbei — ein dummes Wort." Wir aber haben die Zuversicht, daß das Wort „vorbei" nur die Ankündigung einer weiteren Entwickelungsreihe ist, die in einer höheren Welt des Geistes aufgeht. Auf ständigen Sprossen steigen wir aufwärts; gilt aber die Sprosse, auf der wir stehen, für nichts, wenn wir uns auf solche Weise dem Ziel des Ganzen nähern? Sie ist bedeutsam, und das Wirken auf diesem Standpunkte ist vernünftig.

Auch erkennen wir in der Gegenwart die reifen Früchte der Vergangenheit; wir genießen den Augenblick, voraus- und rückwärtsschauend, aber wir sagen nicht zum Augenblick: „Verweile doch, du bist so schön," wir haben zu viel von der göttlichen Unruhe in uns, als daß wir uns auf ein Faulbett legen möchten. Aber auch die eigene Persönlichkeit wird in dieser Entwickelungslehre in keiner Weise beeinträchtigt; denn die Kulturentwickelung kann nur durch die ungeheure Tat der vielen Einzelnen sich vollziehen und, je eifriger wir arbeiten, um so schneller gelangen wir zu den letzten Zielen. Allerdings das ist richtig, daß wir uns unbewußt der Führung des Schicksals anvertrauen müssen; die ganze Kulturgeschichte lehrt, daß das Aufblühen der Weltbildung sich stets anders vollzog, als die in ihr waltenden Geister vermeinten: sie wollten das eine bewirken, und sie bewirkten das andere, und namentlich viele, die das Böse zu unterstützen wähnten, sind zu den Hauptförderern des Guten geworden. Gewiß ist der Frauenraub nach unserer Anschauung eine Roheit, und doch hat derjenige, der zuerst eine Frau raubte, eine der größten Taten der Menschheit ausgeführt, indem er die Grundlage der modernen Ehe geschaffen hat; in welcher Weise, das lehrt die vergleichende Rechtswissenschaft. Darum steht allerdings das Schicksal am Steuer und lenkt unsere Ziele, während wir, im Illusionismus befangen, vielleicht ganz anderen Zwecken zustreben: die Illusionen erfüllen uns oftmals mit lebhaftem Eifer für scheinhafte Zukunftsgüter; aber was wir damit leisten, kommt der wahren Kultur zugute. Lenkt uns daher das Schicksal gegen unser Erwarten, so ist darum unser Streben und unser Wirken nicht fruchtlos gewesen. Wohl steht das Schicksal am Steuer, allein wir sind die

Schiffsleute, die mit allem Aufwand unserer Kräfte zu arbeiten haben, damit das Schiff seine Bahn durchmißt. Nie könnte das Schicksal zum Kulturfortschritt gedeihen, wenn nicht die Tat von tausend und abertausend Geistern dahinterstünde, welche ihm bewußt und unbewußt zu Diensten sind. Was kann der Steuermann ohne die Hilfe der Schiffsmannschaft? Was wäre die Menschheit ohne den Geist eines Plato, eines Bâdarâyana, eines Hegel, eines Savigny? Darum rüstig weiter gearbeitet auf der Bahn des Fortschritts!

II. Probleme des Strafrechts.

1. Das Problem der Willensfreiheit.

§ 9.

Das wichtigste strafrechtliche Problem unserer Zeit ist das Problem der Willensfreiheit und der Schuld. Damit schneiden wir eine viel und heiß umstrittene Frage an, eine Frage, bei deren bloßer Nennung die Grundfesten des Strafrechts erbeben und die tiefsten Interessen des Gesellschaftsrechts aufgerührt werden. Viele haben die ganze Frage als unlöslich beiseite gelassen und sie in das Gebiet des Glaubens verlegt, indem sie das Strafrecht ohne Rücksicht auf die eine oder andere Lösung zu begründen suchten. Wieder andere haben neuerdings die Willensfreiheit verneint, ja sie als unfaßbar und empirisch unmöglich erklärt. Aber die meisten dieser Stimmen stammen aus dem Lager des Positivismus, also einer Lehre, die ohne philosophische Grundlagen auf bloßen Sand baut und darum für uns bedeutungslos ist. Wir haben dem Positivismus auf dem Gebiete der Philosophie den Laufpaß gegeben (oben S. 3 f.); am schlimmsten hat er im Strafrecht gewaltet: er hat insbesondere dahin geführt, daß sich viele als ganz besonders fortschrittlich wähnten, weil sie die Willensfreiheit verneinten, während wir, die Verteidiger von Schuld und Willensfreiheit, uns begnügen müßten, die klassische Schule zu heißen. Das „Klassisch“ soll natürlich hierbei kein Lob sein, sondern ein herber Vorwurf; denn man will damit unsere Richtung als akademisch und zurückgeblieben kennzeichnen, als eine wissenschaftliche Schule, die nicht mehr auf der Höhe der Gegenwart stünde. Nichts ist irriger; denn was sich als neue kriminalistische Richtung darstellt, ist nichts anderes als ein Strafrecht auf Grundlage des Positivismus, und der Positivismus ist, wie S. 4 gezeigt, nicht Fortschritt, sondern der größte Rückschritt, er geht zurück hinter den Materialismus und hinter denjenigen Stand, der einstmals der wissenschaftliche Stand der Enzyklopädisten war.

Und das soll heutzutage Fortschritt heißen, wenn man ein Jahrhundert zurückgeht auf eine Denkweise vor Kant und Hegel, wie wenn die ungeheuere Tat der deutschen Philosophie nicht vorhanden wäre! Es soll ein Fortschritt heißen, die undeutsche Verödung der Philosophie durch Comte, Stuart Mill und andere nach Deutschland zu verpflanzen! Das ist so wenig ein wahrer Fortschritt, wie wenn man etwa heutzutage die Schwerkraft leugnen wollte, weil sie nicht auf Sinnesbeobachtung, sondern auf Abstraktion und mathematischer Ideenverbindung beruht, und wenn man unsere naturwissenschaftliche Weltanschauung auf die Zeiten vor Kepler zurückzuführen suchte! Der wahre Fortschritt besteht in dem Weiterbauen auf der von unseren großen Denkern geschaffenen Grundlage. Leicht ist es natürlich, die Philosophie einfach hinwegzustreichen und sie in das Gebiet des Glaubens zu verweisen, schwer ist es, philosophische Studien zu machen; und dies muß um so mehr hervorgehoben werden, als eine Reihe der Jüngeren sich eben darauf etwas zugute tut, das Strafrecht vollkommen von der Philosophie abzusondern und es auf den gesunden Menschenverstand zu bauen; und doch will man von Kausalität sprechen und ein Kausalitätsgesetz aufstellen — als ob dieses anders als philosophisch geschehen könnte. Wer den sogenannten gesunden Menschenverstand höher stellt als die Ergebnisse jahrhundertelangen Nachdenkens und wer sich für fortschrittlich erachtet, weil er die Gedankenwelt unserer Geisteshelden beiseite schiebt, dem muß kräftig entgegengetreten werden. Ihm muß gesagt werden, daß er sich ähnlich verhält, wie wenn jemand heutzutage das Kopernikanische Weltsystem verdammte und sich auf die einfache Erfahrung bezöge, daß man die Sonne auf- und untergehen sieht; denn das besagt eben der gesunde Menschenverstand. Wenn man uns entgegenhält, daß die philosophischen Anschauungen verschieden sind und auch im Laufe der Zeiten gewechselt haben, so sagt man nichts anderes, als daß eben die wissenschaftlichen Fragen überhaupt eine verschiedene Lösung finden und die Wissenschaft nie stille steht, sondern ihrem Wechsel und ihrem Wandel unterliegt. Wollte man darum wegen der Verschiedenheit der philosophischen Systeme einfach die Philosophie in das Gebiet des Subjektiven verweisen, so könnte man ebensogut die ganze Wissenschaft dem Subjektivismus zuschreiben und alles Verarbeiten der Sinneswahrnehmung einfach in das Bereich des Glaubens versetzen. Und wenn man anführt, daß jede Wissenschaft auf Erfahrung beruhen müsse, was man Baco und Locke unendlichemal nachgesprochen hat, so ist damit nichts weiter gesagt, als daß sich unsere Wissenschaft auf den Ergebnissen der sinnlichen Wahrnehmung aufbauen muß und daß diese den Stoff für die weitere Behandlung abzugeben hat; allein alle Wissenschaft strebt dahin, das auf solche Weise sinnlich Wahrgenommene geistig zu verarbeiten und das Sinnliche hinaufzurücken in das dem Sinnlichen zugrunde Liegende. Es ist der größte Irrtum, den Satz, daß die Wissenschaft auf Erfahrung beruhen müsse, dahin zu verkehren, daß die Wissenschaft nicht über die Erfahrung hinausgehen dürfe. Dann gäbe es überhaupt keine Wissenschaft, denn der erste Satz der wissenschaftlichen Erkenntnis ist der: aus der Erfahrung über die Erfahrung hinaus. Auch die Naturgesetze, die wir annehmen, stützen sich auf Erfahrung, sie sind aber selbst nicht Gegenstand der Erfahrung, sondern Ergebnisse des auf Erfahrung begründeten menschlichen Nachdenkens. Dasselbe ist auch der Fall mit jeder anderen tieferen Erkenntnis, dasselbe ist namentlich der Fall der sog. Metaphysik, wie dies oben (S. 4 f.) dargelegt worden ist. Wenn man aus der Erfahrung Schlüsse dahin zieht, daß eine gewisse Gesetzmäßigkeit in der Natur oder in der Geisteswelt vorhanden sei, wenn man daraus weitere Schlüsse zieht, daß die Gesetzmäßigkeit in der Entwickelung einer Vielheit von Einzelwesen wieder auf eine der Fülle der Einzelwesen zugrunde liegende Einheit zurückzuführen sei, und wenn man auf diese Weise bis zum Theismus oder zum Pantheismus gelangt, wenn man behauptet, unsere Sinneswahrnehmung sei kein bloßer Schein, es gebe eine Zeit und einen Raum, wenn man zum Schlusse kommt, daß unserer Sinneswahrnehmung ein zeitliches und räumliches Ding an sich zugrunde liege, daß aber dieses Ding an sich wiederum ein raum- und zeitloses Weltganzes als Ausgangspunkt haben müsse: so sind dies alles aus der Erfahrung und unserem Denkvermögen gezogene Schlüsse, und es ist völlig unrichtig, etwa die eine Schlußfolgerung der Wissenschaft und die andere dem Glauben überlassen zu wollen. Verschmäht man die menschliche Vernunft welche aus den Erfahrungen Schlußfolgerungen zieht, so verschmäht man damit die Wissenschaft, und man gelangt zu einem Chaotismus, der einfach die unendlich vielen Wahrnehmungen kaleidoskopisch wiedergibt ohne wissenschaftliche Behandlung. Eben die Überwindung dieses Chaotismus war die Tat eines Heraklit, eines Plato, eines Descartes, eines Spinoza, eines Hegel. Sich dem Chaotismus in die Arme werfen, heißt nicht nur auf die Ergebnisse dieser Denker, sondern auf die Wissenschaft überhaupt verzichten.

§ 10.

Man hat vom Standpunkte des Theismus (der Gotteslehre) behauptet, daß die menschliche Willensfreiheit mit der göttlichen Allwissenheit im Widerspruch stehe; diese Ansicht habe ich von jeher für unbegreiflich gehalten, obgleich eine Reihe guter Köpfe an diesem Problem gestrauchelt sind oder gar behaupteten, man könne hier nicht anders als mit einem Rätselwort aus der Schwierigkeit herauskommen.[1]) Allerdings gibt man zu, daß aus der Allwissenheit noch nicht folge, daß Gott auch die Willensentscheidung des Menschen herbeiführe, denn wer etwas künftig Eintretendes weiß, von dem kann man nicht sagen, daß er es will; ja er will es auch dann nicht notwendig, wenn er es voraussieht und nicht hindert: denn er kann, obgleich er dieses Künftige nicht will, gute Gründe haben, die Hemmung zu unterlassen. Wohl aber glaubt man, daß die künftige Willensentscheidung schon in der Gegenwart begründet sein müsse, denn sonst könne die Gottheit sie nicht voraussehen; eine solche Voraussicht sei nur möglich, wenn die Willensentscheidung jetzt schon im Keime bestehe: sie sei mit einem Zustand nicht vereinbar, bei welchem der Mensch bis zu seiner Entschließung der eigene Gesetzgeber sei, so daß dieser Entschluß nicht auf entscheidende Faktoren der Vergangenheit zurückgeführt werden könne, welche die in die Tiefen des Vorhandenen hineinblickende Gottheit zu durchschauen vermöge.

Aber bei dieser Betrachtungsweise verkennt man ganz, daß, wenn Gott allwissend ist, er erhaben ist über die Zeit, denn bei jeder Ewigkeit muß Vergangenheit, Gegenwart und Zukunft in eine Einheit zusammenfallen. Die Gottheit sieht nicht nur in die Tiefen der gegenwärtig vorhandenen Dinge, sondern ebensogut in die Tiefen des Künftigen; sie bedarf der Gegenwart nicht, sie bedarf nicht der Fundierung der Zukunft auf der Basis der Gegenwart. Nur eine Anschauungsweise, welche sich nicht zu der Vorstellung erheben kann, daß eine Gottheit, die hinter der zeitlichen Er-

1) Ich argumentiere im folgenden vom Standpunkte des Theismus aus. Daß mein Standpunkt pantheistisch ist, ergibt sich aus dem obigen; allein die theistische Auffassung ist geschichtlich von der größten Bedeutung und bedarf hier der Erörterung.

scheinungswelt als etwas Ewiges und Zeitloses waltet, die Zeit überspringt, nur eine Anschauungsweise, die verkennt, daß die ganze zeitliche Entwickelung zwar etwas Reales, aber etwas lediglich Relatives ist, worüber die zeitlose Gottheit sich erheben kann, nur eine solche mangelhafte Philosophie kann eine derartige Schwierigkeit fühlen; denn auf der einen Seite erfaßt man die Gottheit als Gottheit, und das kann nur geschehen, indem man sie sich als in Ewigkeit denkend und waltend vorstellt; auf der anderen Seite versetzt man die Gottheit in die Zeit und gestaltet sie empirisch: eine solche Gezweitheit der Betrachtungsweise ist aber ein vollständiges Verkennen aller philosophischen und theologischen Methode. Schon ein Seher, der über Zeit und Raum hinwegblickt, dringt in das metaphysische Gebiet hinein, in das Gebiet, in welchem die Zeit in die Ewigkeit zerfließt; und schon hier wäre es völlig verkehrt, die Betrachtungsweise so anzustellen, als ob der Seher die Zukunft nur deshalb erschaute, weil sie in der Gegenwart begründet wäre und weil er sie sich aus den Keimen der Gegenwart herauszukonstruieren vermöchte. Es ist ebenso, wie wenn jemand, der mit seinen Sehorganen stets nur eine Linie erschauen könnte, es unbegreiflich fände, daß wir eine ganze Fläche zugleich zu überblicken vermögen, und deshalb vermeinte, dies sei nur insofern denkbar, als das Rechts und das Links kraft gewisser Gesetzmäßigkeit aus dem erschlossen werden könnte, was die Linie bietet! So sieht die Gottheit Gegenwart und Zukunft zugleich, auch abgesehen von jeder Verbindung, in welcher die Zukunft zur Gegenwart und Vergangenheit steht.

Viele Schwierigkeiten hat auch die Frage bereitet, wie die Willensfreiheit mit der Allursächlichkeit des göttlichen Handelns verträglich sei. Allein auch diese Schwierigkeit ist löslich, und ich bemerke in dieser Beziehung folgendes:

1. Die Willensfreiheit wird gewahrt, wenn die Schöpfung so verstanden wird, daß Gott die Willensfreiheit setzte und damit die verschiedenen Möglichkeiten, welche durch den freien Willen bestimmt würden, offen ließ: Gott hat damit nicht die Sünde gesetzt, sondern nur die Möglichkeit, zu sündigen, und das lag in seinem Weltplan.

2. Eine zweite Schwierigkeit aber hat man auf folgende Weise erhoben. Man sagte: der Weltplan Gottes muß so gestaltet sein, daß er nicht nur das Werdende und die Kräfte des Werdenden setzt, sondern auch das Endergebnis, und damit sei der freie Wille nicht vereinbarlich, denn das Endergebnis ist unausbleiblich mit den Entschließungen des menschlichen Willens verknüpft und von

ihnen beeinflußt: wolle Gott daher das Endergebnis, so wolle er auch die darauf einwirkenden Willensentschließungen: diese sind mithin von ihm gesetzt, von ihm herbeigeführt — der Wille ist nicht frei. Allein diese ganze Betrachtungsweise ist unzutreffend. Wenn Gott den freien Willen schafft und voraussieht, wie sich der freie Wille künftig entscheiden wird, so kann er darauf seinen weiteren Plan bauen und eine Weiterentwickelung in der Art anschließen, daß das Schlußergebnis seiner Absicht entspricht. Es steht ja Gott vollkommen frei, so viele Gegenumstände eintreten zu lassen, daß der Erfolg der Sünde seinem Plane gemäß umgestaltet wird.

Daß ferner die statistische Beobachtung, welche uns kundgibt, wie die Verbrechen und überhaupt die menschlichen Handlungen in großen Mengenverhältnissen eine gewisse Gesetzmäßigkeit zeigen, der Willensfreiheit nicht widerspricht, ist schon längst erkannt worden. Würden wir auch die Willensfreiheit vom Standpunkte des absoluten Indeterminismus auffassen, würden wir uns das menschliche Handeln als völlig zufällig und durch keine Einflüsse bewegt vorstellen, so müßten doch die Ergebnisse in großen Zahlenverhältnissen eine gewisse Gleichheit darstellen, denn jeder Zufall wird in der Vielheit der Zufallsentwickelung einen gewissen Pendelschlag auf- und abwärts zeigen. Ebenso wie die Roulette am Spieltisch, wenn wir uns tausend und abertausend Fälle denken, zu bestimmten Schlußergebnissen führen muß, ebenso müßte auch ein völlig zufälliges Handeln schließlich gewisse Zahlen nach rechts oder links ergeben: es wäre doch kein Grund vorhanden, daß das Handeln sich stets nach rechts oder stets nach links bewegte, und darum muß die Wahrscheinlichkeitsrechnung gelten: auch der Zufall hat seine Gesetze, und zwar auch der blinde Zufall, auch der Zufall, der nicht durch bestimmbare Kräfte beeinflußt wird. Nun ist aber, wie unten ausgeführt, der absolute Indeterminismus verfehlt, und das Handeln des Menschen bewegt sich innerhalb eines bestimmten, durch die Motive und den Charakter beeinflußten Kreises; Motive und Charakter der Menschen aber zeigen stets so viele Übereinstimmung, daß schon hierwegen eine gewisse Gesetzmäßigkeit der Ergebnisse herrschen muß.

§ 11.

Man hat die Willensfreiheit vom Standpunkt des Ursachengesetzes bekämpft. Nichts ist unrichtiger. Natürlich ist die Willensentscheidung eine Ursache des Geschehens, aber als Ursache liegt sie eben im Bereiche des Ursachenzusammenhangs. Die Art der Willensentschließung allerdings ist insofern eigenartig, als die Frage, ob die Entscheidung nach der einen oder anderen Seite hin ergehen soll, nicht auf ein bestimmtes, die Einzelperson regierendes Gesetz, sondern auf die Einzelperson selbst zurückgeht. Die Einzelperson ist auf solche Weise Gesetzgeber. Allein darin liegt eben gerade die Bedeutung der Persönlichkeit, daß sie selbst das Gesetz gibt, welches dann für die Ursächlichkeit maßgebend ist, und darin liegt das Wesen des Sittlichen. In bezug auf das Sittliche ist der Mensch Herr und Meister, der freie Wille bricht einen jeden Zwang. Daß dies keine Aufhebung des Ursachengesetzes ist, ist offensichtlich: es ist nur eine besondere Art seiner Gestaltung. Nicht jede Ursächlichkeit braucht sich in der unorganischen Weise zu entwickeln, daß der entscheidende Wirkungsbildner von dem Zusammenströmen bestimmter, das Einzelwesen beherrschender Gesetze abhängt. Ebenso leicht, wie dies möglich ist, ist es möglich, daß das Einzelwesen als unabhängiger Wirkungsbildner handelt, so daß die Frage der Entscheidung zwischen zwei Alternativen nur in seinem eigenen freien Wesen liegt.

Das Ursachengesetz ist also damit genügend gewahrt, daß die Entstehung dieses Wirkungsbildners in die Ursachenkette eingefügt ist und daher der einzelne Fall der Wirkungsbildung in bezug auf das „Ob" mitten in der Kausalreihe steht. Daß auch das „Wie" der Wirkungsbildung stets der Ursachenkette eingereiht werden müsse, ist eine Annahme, die in keiner Weise durch das Ursachenbedürfnis gegeben ist, die also keinesfalls innerhalb des „Kausalitätsaxioms" liegt. Ein freier Gesetzgeber, der innerhalb der Verursachungsreihe steht, genügt unserem Verursachungsbedürfnis vollkommen: eine vorhergehende Ursache schafft die Persönlichkeit als freien Gesetzgeber, und diese schafft weiter: es fehlt kein Glied in der Kette, und der Widerspruch zwischen Einheit und Mannigfaltigkeit der Wesenheiten ist gelöst (oben S. 6): alles ist durch das Band der Verursachung geeint. Richtig ist, daß infolgedessen die Ursachenkette nicht zu einem für uns voraussehbaren Ergebnisse führt, auch nicht für denjenigen, der alle einschlägigen Kräfte kennt, weil hier stets ein unbestimmbarer Wirkungsbildner und damit eine Unendlichkeit dazwischen steht. Allein was verschlägt dies? Soll denn die Kausalkette stets zu voraussehbaren Folgen führen? Etwa für den Menschen, der doch fast nie die sämtlichen wirkenden Kräfte kennt? Oder für Gott? Für ihn aber ist das Ergebnis ohnedies voraussehbar, nicht vom Standpunkt der Erkenntnis aller wirkenden Kräfte aus, wohl aber vom metaphysischen Standpunkt, der die sich in Vergangenheit, Gegenwart und Zukunft erstreckende Zeit zu einer Einheit zusammenschließt (oben S. 18). Warum soll also das „Wie" der Verursachung fest bestimmt sein? Man setze immerhin hier ein Element mit X Wirkung; aber wir haben eine feste Kette; das Rechnungsergebnis brauchen wir nicht zum voraus zu kennen, das X kann durch die spätere Zeit aufgelöst werden; das Rechenergebnis zum voraus zu bezeichnen, dazu ist das Ursachengesetz nicht da: statt $a + b + c$ tritt $a + b + x$: dies aber genügt, um das Ursächlichkeitsbedürfnis zu decken.

Ebensowenig spricht gegen die Willensfreiheit der Grundsatz der Einheitlichkeit und Quantitätsgleichheit der Weltenergie; denn abgesehen davon, ob dieser Grundsatz mehr ist als eine Hypothese, steht er dem nicht im Wege, daß die Willensentschlüsse (d. h. die aus dem x hervorgehenden Entschlüsse α oder β), wenn auch Entschlüsse mit verschiedenen Folgen, doch in bezug auf die Weltenergie als gleichheitlich und gleichwertig gelten: es kann dieselbe Energiemenge sein, wenn ich nach West oder nach Ost gehe, und so kann die Entschließung α oder β das gleiche Energiemaß darstellen, auch wenn α ein Mord und β die Unterlassung eines Mordes ist: ob sich an diese Entschließung wieder eine größere oder geringere Energiemasse anschließt, hängt vom Zusammenstoß mit der Außenwelt ab, wie wenn ich mit dem Schritt links in einen tiefen Abgrund falle, mit dem Schritte rechts auf ebenem Boden bleibe: natürlich wird jede neu entwickelte Energiemenge wieder ihre Ausgleichung finden, was hier nicht weiter in Betracht kommt.

Noch weniger kann gegen die Willensfreiheit aus der Physiologie des Gehirns etwas entnommen werden. Wenn es richtig ist, daß den Hirntätigkeiten chemische Prozesse zugrunde liegen, was ich nicht bezweifle, so ist damit in keiner Weise geleugnet, daß diesen chemischen Änderungen außer solchen Bewegungserscheinungen auch Empfindungen entsprechen. Das Empfindungsleben aber ist physiologisch nicht faßbar, es ist etwas, was auf physiologischer Basis ruht, aber eine selbständige Wesenheit hat. Die Art und Weise, wie diese Empfindungsvorgänge sich entwickeln, sich weiterspielen und sodann wieder Bewegungsvorgänge erzeugen, steht außerhalb der Gehirnphysiologie und ist eine Sache für sich: sie kann nicht durch Beobachtung der Bewegungsvorgänge weiter erklärt werden, sondern nur durch Erforschung der Empfindungstätigkeiten und des eigenen Innern. Führt daher die Erforschung dieser Empfindungstätigkeiten zur Annahme freier Willensentschließungen, so steht dies mit den physiologischen Bewegungserscheinungen in keinem Widerspruch, und ebensowenig steht damit in Widerspruch, daß aus diesen Empfindungsvorgängen heraus wiederum Bewegungserscheinungen und wiederum chemische Reaktionen erwachsen: diese sind dann die Folgen der aus dem Gefühlsleben hervorgehenden Willensentschließung.

Alle Erforschung der Hirnphysiologie kann uns daher in dieser Frage nicht weiter fördern, so wichtig diese Forschungen auch nach anderer Seite sein mögen, und so viel Licht sie sonst auf unsere Seelentätigkeit werfen können.

§ 12.

Im übrigen ist die Freiheit des Willens eine Sache der inneren Erfahrung, und zwar einer untrüglichen Erfahrung, weil sie ebenso auf dem innersten Gefühl der Persönlichkeit beruht, wie das berühmte „ich denke, darum bin ich". Wie ich weiß, daß ich denke, so weiß ich, daß ich mich willkürlich entschließe, in einer Art, daß der Entschluß nicht von höheren Kräften geleitet wird, sondern eine aus meinem Innern hervorgehende Tat der Einzelpersönlichkeit ist. Das ist das Dämonische, das jeder in sich fühlt; darum glaubte man in alten Zeiten, daß es ein Geist sei, der in uns waltet. Daß dies kein einheitlicher Prozeß ist, daß vielmehr Beweggründe und Charakter unsere Entscheidung mit beeinflussen, unterliegt keinem Zweifel; aber wer tiefer dringt, der erkennt sofort, daß hier kein Rechenbeispiel vorliegt, so daß die Entscheidung einfach aus bestimmten mathematisch bestimmbaren Bildungselementen hervorginge, sondern daß zu alledem etwas Neues, nämlich die innere Entschließung, hinzutritt.

Die Willensentschließung hat gewisse Ähnlichkeit mit dem ursprünglichen Schaffen des menschlichen Genies. Auch dieses liegt auf einem Gebiet, wo die menschliche Einsicht nicht mehr auf bestimmte Gesetze zurückzuführen ist, wo eben eine Eigentat der Persönlichkeit vorliegt; wobei nur der Unterschied obwaltet, daß der freie Wille das Dämonische eines jeden bildet, während der Dämon der Erkenntnis nur wenigen gegeben ist.

Diese innere Erfahrung aber ist keine Selbsttäuschung. Man hat behauptet, das Gefühl des freien Willens beruhe auf dem Gefühl des nicht von außen Gezwungenseins; damit sei aber nicht ausgesprochen, daß wir nicht gewissermaßen von innen gezwungen und daß nicht unser Entschluß durch die einmal vorhandenen inneren Bildungskräfte mit mathematischer Sicherheit erzeugt werde. Man hat behauptet: wenn der Stein denken könnte, so hätte auch er das Gefühl der Freiheit, sofern er nicht geschleudert wird, sondern einfach auf die Erde herunterfällt. Das ist aber völlig verfehlt. Könnte der Stein denken, so würde er erkennen, daß ihn die Erde anzieht, zwar nicht ihn allein, sondern alle Dinge der Erde ohne Unterschied, so daß alles, wenn die Stütze gebricht, zu Boden fällt. Das Gefühl des freien Willens aber ist nicht nur das Gefühl des „Nichtgeschleudertseins", sondern auch das Gefühl, daß die Persönlichkeit zwischen mehreren Wahlgliedern zu wählen hat, wie wenn etwa der Stein das Gefühl haben könnte, nach seiner Wahl zu fallen oder nicht zu fallen, ein Gefühl, das sich bei uns unzählige Male daraus ergibt, daß wir uns vor und *nach der Entschließung* die Folgen *vergegenwärtigen* und nach der Tat *Selbstgefühl* oder *Reue* empfinden. Die innere Überzeugung, die unseren Entschluß begleitet, ist das Gefühl des *Wählens*, und das Wählen ist das schon von der Sprache gegebene Zeugnis dafür, daß die Einzelpersönlichkeit von sich aus, als Einzelgesetzgeber, die Zwiespältigkeit des Geschehens löst.

Dafür spricht auch das Bewußtsein der Möglichkeit, *an dem eigenen Charakter zu arbeiten* und ihn für das Gute, d. h. das Gesellschaftsgemäße geneigter zu machen. Die mehrfache folgerichtige Bezwingung der Leidenschaft bringt sie zum Erschlaffen, das mehrfache Überwinden sinnlicher Triebe verringert ihre Kraft: die Lehre von der *Unwandelbarkeit des Charakters* ist ein Irrtum *Schopenhauers*, der darauf beruht, daß er irrtümlich den Charakter mit dem „Weltwillen", dem Ding an sich, zusammenfügt: er ist aber mit dem Weltwillen nicht inniger verbunden als alles andere, was sich in der Endlichkeit bewegt.

Der Charakter ist vielmehr erziehbar, und es ist ein Fehler, wenn der Mensch ihn nicht erzieht.

Darum ist der schlechte Mensch nicht zu entschuldigen: denn wenn er nicht von sich aus zum Guten geneigt war, so konnte er sich diese Geneigtheit durch Pflege und Ausbildung des Charakters erwerben; und diese Erziehung liegt im Kreise seines freien Willens.

Der Charakter ist insofern etwas *Selbstgeschaffenes*. Dieses hat Kant in der Art übertrieben, daß er die Schöpfung des Charakters in die *intelligible Welt*, d. h. in eine über der Welt der Wirklichkeit stehende übernatürliche Sphäre versetzte und damit die Verantwortung der Person für ihren Charakter und ihre Taten erklären wollte. Er behauptete, daß ein jeder Mensch außerhalb Raum und Zeit in einem ideellen Dasein den Charakter schaffe und dadurch für alles, was nachher folge, verantwortlich werde. Diese Idee ist schon spekulativ unhaltbar, weil sie in das ewige Sein die unendliche Mannigfaltigkeit der Einzelwesen hineinträgt; sie ist aber deshalb völlig abzuweisen, weil dadurch die Verantwortung in das Außerzeitliche gelegt wird, während es das wirkliche zeitliche Handeln ist, welches sich als eine Wahl, als eine von Augenblick zu Augenblick sich betätigende Willensentschließung kundgibt, so daß die Charakterbildung eine zeitliche Tat der Persönlichkeit ist, welche in Verbindung steht mit der ganzen Fülle zeitlicher Einwirkungen und Ereignisse. Und wollte man annehmen, daß unserem raumzeitlichen, in der Welt der Erscheinung liegenden Handeln irgendein Abbild, ein typisches Walten im Außerzeitlichen, im Ewigen entspräche, so würde man die Gebrechlichkeit des Endlichen in die Ewigkeit hineintragen und den Fehler begehen, den schon die indischen Philosophen widerlegt haben: den Fehler, daß man das Böse und Unreine in die Unendlichkeit, in die Gottheit selbst versetzte, während das Böse und Unreine doch nur in der Vielheit der Erscheinung, nicht in der Einheit des Urwesens liegen kann.

Man hat allerdings die Beweiskraft dieses inneren Gefühles durch den Umstand bekämpfen wollen, daß auch bei der Seelenstörung, wo von einer Freiheit des Willens keine Rede mehr sein kann, sondern der Mensch, unbedingt durch die wechselnden Einflüsse gelenkt hin und her irrlichteliert, das Gefühl der Freiheit bestehe und daß gerade der Wahnsinnige sich erst recht als freier Mensch fühle und gar als König und Meister über die Welt regieren zu können wähne. Daraus hat man geschlossen, daß das Gefühl der Freiheit trügerisch sei und daß aus ihm für die wirkliche Freiheit nichts entnommen werden könne. Eine solche Schlußfolgerung aber ist völlig unzulässig: ein Schluß von krankhaften auf gesunde Zustände darf nicht gezogen werden. Eben weil der Mensch erkrankt ist, hat er falsche Wahnvorstellungen, und so auch die Vorstellung der Freiheit trotz seiner Umnachtung und Unfreiheit. Es ist derselbe Trug seines Innern, wie wenn er voll überzeugt ist, logisch zu denken, oder wie wenn er Stimmen zu hören glaubt und Erscheinungen sieht, die bloß Gebilde seines Inneren sind. Ebensowenig wie daraus etwas gegen die Realität der Welt, die der gesunde Mensch erkennt, gefolgert werden kann, ebensowenig wie daraus ein Schluß zulässig ist gegen die entdeckende Kraft des logischen Denkens, ebensowenig kann aus diesem krankhaften

Freiheitsgefühl etwas geschlossen werden auf die Bedeutung des Freiheitsgefühls in gesunden menschlichen Zuständen. Und darum ist auch der Hinweis auf Fälle, wo der Mensch trotz der Suggestion sich als Freihandelnder wähnt, vollständig unschlüssig; denn auch hier liegt eine, wenn auch nur zeitweise, Erkrankung vor, deren Bedeutung gerade darin liegt, daß dem nicht freien Menschen ein Freiheitsgefühl angetäuscht wird. Das Krankhafte besteht eben darin, daß der Mensch sich gesund wähnt, daß er glaubt, die Freiheit zu haben, die der Gesunde besitzt.

§ 13.

Wäre der Wille den Motiven unrettbar preisgegeben, so müßten die Motive kraft der ihnen innewohnenden objektiven Mächtigkeit wirken. Dies ist nicht der Fall. Im Gegenteil gilt ein Grundsatz, welchen man seit Schopenhauer den Grundsatz des Primates des Willens über den Verstand nennt. Es ist nämlich eine alte Beobachtung, daß die Motive nur sehr teilweise den Willen beherrschen, daß in noch viel höherem Maße der Wille sich das von den Motiven gegebene Material zurechtlegt und nach seiner Weise gestaltet, indem er die einwirkenden Gründe einerseits aufbläht und aufschwellt, soweit sie ihm passen, und die Gegengründe, die ihm nicht genehm sind, einfach zurückdrängt und verflattern läßt. Der Wille vermag Vorstellungen, die ihm dienen, mit gesteigerter Macht zu versehen und andere Vorstellungen einfach zurückzuweisen und vollständig von sich abzuhalten: die einen werden zehnfach vergrößert, die anderen in eine verkleinerte Perspektive gebracht.

Daraus ergibt sich die Selbständigkeit des Willens; denn nicht ist hier der Wille durch Beweggründe beherrscht, sondern er selbst beherrscht die Beweggründe. Die Beweggründe können daher nur sehr teilweise an der Betätigung des Willens mitwirken: es ist keine Rede davon, daß sie den Willen zu schaffen vermöchten.

Die Lehre vom Primat des Willens geht schon auf den heiligen Augustin, selbst auf den Apostel Paulus zurück, ist dann aber hauptsächlich von dem Scholastiker, Duns Scotus, dem Gegner des Thomas von Aquin, entwickelt worden, und diese Entwickelung gehört zu dem Bedeutendsten, was Duns Scotus geleistet hat. Damit ist mit einem Schlag der Wille aus dem Zusammenhange mit dem Vorstellungskreis herausgerissen und ihm seine selbständige Wesenheit zugeteilt. Wer immer noch der Ansicht ist, daß die Willensentschließung durch die Übermacht der von unserer Vorstellung gesetzten Lockungsmittel herbeigeführt wird, der verstößt gründlich gegen diese Errungenschaft langjähriger seelischer Studien.

Ein weiteres ausschlaggebendes Moment ist folgendes: die Willenskraft des Menschen ist eine sehr verschiedene, indem der eine den gefaßten Willen gegen alle neuen Angriffe und Gegenbeweise mit der größten Hartnäckigkeit festhält, während der andere auch die getroffene Wahl immer wieder den neuen Vorstellungen und den von diesen ausgehenden Empfindungsregungen unterwirft. So gibt es Menschen mit starker und mit schwacher Willenskraft. Auch hier zeigt sich die Selbständigkeit des Willens gegenüber den auf den Willen einwirkenden Beweggründen. Die Willenstätigkeit ist daher jedenfalls etwas Selbständiges, sie ist nicht der bloße Rückschlag der im Menschen tätigen Gefühlswelt. Es gibt nichts Irrigeres, als das „Willensorgan" zu leugnen und die Entschließungskraft als die bloße Auslösung einströmender Gefühle zu erklären. Neben der Gefühlswelt gibt es ein selbständiges Willensorgan, und dieses ist nicht etwa bloß das Sammelorgan, in welchem sich gewisse Gefühlswellen treffen, sondern es ist das Organ, in welchem die ganze Persönlichkeit als Einheit, der Außenwelt gegenüber, zum Ausdruck gelangt.

Dieses Organ hängt jedenfalls auch physiologisch mit dem Organ zusammen, in welchem die Gesamtheit der Erinnerungen sich zum Gefühl der Persönlichkeit verdichtet.

Daher ist es völlig irrig, vom „Assoziationismus" der Seelenbewegungen aus gegen die Vorstellung der Freiheit zu schlußfolgern: die Assoziation gibt uns nur das Material, mit dem der Wille schaltet, nicht den Willen selbst: wenn uns der Arbeiter den Werkstoff bringt, so ist es der Baumeister, der nach seiner Weise den Bau gestaltet.

§ 14.

Die Versuche des Determinismus, in der Unfreiheit die Freiheit zu retten, sind im höchsten Grade mißlungen, und es muß bedauert werden, daß so viel Scharfsinn für eine logisch und psychologisch unhaltbare Aufgabe verwendet worden ist. Die gewöhnlichste Irrung dieser Art liegt darin, daß man dem Begriff der Freiheit einen ganz anderen Sinn gibt. Freiheit im Sinne der sittlichen Ordnung will heißen: die Seele ist mit einer weder durch innere noch durch äußere Notwendigkeit gebundenen Wahlmöglichkeit begabt; sie ist sich selbst der

Gesetzgeber. An Stelle dessen wird im Determinismus der Freiheitsbegriff dahin gewandelt, die Seele sei frei von äußerlichem Zwange, sie handle aus inneren Motiven und aus ihrer inneren Wesenheit heraus. Ebensogut könnte man aber der Uhr, ebenso auch der Maschine Freiheit zugestehen, sofern sie hermetisch abgeschlossen und so eingerichtet ist, daß eine Einwirkung von außen vermieden wird, oder sofern doch die äußeren Einwirkungen so unbedeutend sind, daß sie nicht berücksichtigt zu werden brauchen. Auch die weiteren Versuche, die Freiheit als die Möglichkeit des besonnenen Handelns darzustellen, haben keine Bedeutung; denn wenn im Innern die Entschließung wie ein Uhrwerk vor sich geht, so ist es ziemlich gleichgültig, ob die einzelnen Räder des Mechanismus mit größerer oder geringerer Geschwindigkeit kreisen und ein Hauptrad sich etwa in sehr ruhig abgemessenem Zeitmaß bewegt. Und auch alles, was hier von vernünftigem Handeln usw. gesagt wird, ist gänzlich unbrauchbar, denn die geistreichst ausgesonnene Maschine ist und bleibt Maschine und ist nicht vernünftig. Die Frage ist hier von vornherein auf unrichtigen Standpunkt gestellt; nicht, ob von außen oder von innen, ist das Wesentliche, sondern ob die Seele als Maschine wirkt oder aus Vernunft. Und wenn man endlich gesagt hat, die innere Bedingtheit des Willens sei eine seelische, nicht eine mechanische, so ist dies eine bloße Redensart; denn ob die willensbildenden Faktoren mit der Körperwelt zusammenhängen oder nicht: wenn sie das Willensergebnis nach bestimmten unwandelbaren Gesetzen herbeiführen, so ist dies eine seelische Mechanik und der Wille unfrei.

Alle diese Hilfsmittel des Determinismus sind oberflächliche Nichtigkeiten.

§ 15.

Auch alles, was der Determinismus über die Begründung der Verantwortlichkeit sagt, fällt völlig darnieder. Das Hauptargument besteht darin, daß die Verantwortlichkeit auf einem Werturteil beruhe: der Mensch sei schuldhaft, wenn das Werturteil ein ungünstiges ist, sonst sei er schuldlos und sittlich; nun fährt man fort, dieses Werturteil sei dasselbe, ob wir den Willen als frei handelnd oder als durch den Charakter in unwiderstehlicher Weise bestimmt achten; ja, man behauptet: wenn der Charakter so gut sei, daß ein gegenteiliges Handeln völlig ausgeschlossen ist, so stehe das Werturteil über ihn viel höher, als wenn der Mensch als schwankendes Rohr erscheine, bei welchem die Entschließung mitunter rechts, mitunter links ausfallen könne.

Aber es ist völlig unrichtig, die Verantwortlichkeit mit einem derartigen Werturteil zu verwechseln. Hiernach wäre der Mensch einfach danach zu schätzen, ob aus seiner Seelenbeschaffenheit etwas Gutes oder etwas Schlimmes zu erwarten wäre: es wäre dasselbe, wie wenn wir eine gute Uhr, die richtig geht, oder ein Lasttier, das seinem Zweck entspricht, eben wegen ihrer zweckdienlichen Eigenschaft hoch oder niedrig einschätzen.

Auf diese Weise wird aber der Begriff der Verantwortung völlig verkannt. Die größere oder geringere Wertschätzung kann niemals dahin führen, ein darnach geringer geschätztes Wesen zur Verantwortung zu ziehen und ihm Strafe aufzuerlegen: dies wäre eine bare Ungerechtigkeit. Nicht darin besteht die Verantwortung, daß jemand auf der Stufenleiter der Wertschätzung höher oder niedriger steht, sondern darin, daß er in einer bestimmten Weise gehandelt hat, obgleich er anders hätte handeln können und sollen; und wir legen ihm Strafe auf und verlangen von ihm eine Sühne, eben weil er nicht als eine aufgezogene (körperliche oder seelische) Maschine gehandelt hat, sondern nach einer ihm als freiem Menschen zustehenden Wahl.

Wollte man jene Wertschätzung als maßgebend betrachten, so müßte man wie die sittliche, so auch die intellektuelle Wertschätzung bei der Verantwortung mit in Betracht ziehen; denn wenn diese sich aufbaut auf einem Werturteil über die Persönlichkeit und auf der Bedeutung der Persönlichkeit für die soziale Welt, so müßte in gleicher Weise auch der Wert des Denkvermögens in Berücksichtigung kommen. In vielen Beziehungen ist die Denkschärfe für die Menschheit viel bedeutungsvoller als ihre Sittlichkeit: für den General in der Schlacht, für den Staatsmann, für den Diplomaten ist ein hervorragender Geist wichtiger als ein lauterer Charakter; und auch im gewöhnlichen Leben ist ein heller Kopf mit mäßiger Sittlichkeit gewöhnlich mehr wert wert als ein gutartiger Tölpel. Nichtsdestoweniger wäre es uns völlig zuwider, einen solchen, der in geistiger Minderwertigkeit gefehlt hat, zur Verantwortung oder Strafe zu ziehen. Wir werden ihn zwar als geistig geringer in der Geschichte darstellen: wir werden Napoleon als einen größeren Mann einschätzen als Friedrich Wilhelm III., Richard Wagner als einen größeren Mann als Hanslick; es würde aber unserer Kulturanschauung im höchsten Grade widersprechen, wollte man einen Benedek, weil er die Schlacht von Königgrätz verloren hat, oder die Wiener Diplomaten, welche sich von Talleyrand dupieren ließen, ins Zuchthaus sperren. Dies würde unser Gefühl ebenso beleidigen, wie wenn wir heutzutage die Kinder und Enkel des Hochverräters hinrichten wollten. Wir alle empfinden es als ein Unrecht, daß Friedrich der Große seinerzeit die Richter im Arnoldschen Prozeß einsperren ließ, sofern ihre Pflichtmäßigkeit und Lauterkeit nicht zu bezweifeln war; und ebenso wenn man vor Jahrhunderten Admiräle hinrichten ließ, weil sie aus Irrtümern die Schlacht verloren.

Die Frage der Wertschätzung oder des Verdienstes einer Handlung ist daher eine ganz andere, als die der Verantwortlichkeit. Daher kommt es bei der Verdienstfrage auch nicht darauf an, ob der Täter das Gute mit Freuden oder im Kampfe mit sich selbst getan hat: ein Verdienst hat auch der erstere, ebenso derjenige, der intellektuell Hervorragendes geschaffen hat: die Verantwortungsfrage kommt in solchen Fällen gar nicht in Betracht. Die ganze Anschauungsweise, welche solche Fälle in die Verantwortungslehre zieht, beruht auf dem Irrschluß, welcher Verdienst und Verantwortung auf eine Stufe stellt.

§ 16.

Manche, wie Merkel und Tarde, wollten den Determinismus als Grundlage des Strafrechts damit retten, daß sie, an den oben widerlegten Irrtum anknüpfend, erklärten, auch der determinierte Wille sei Gegenstand ethischer Schätzung, denn in der Ethik wie in der Ästhetik komme es nicht darauf an, ob jemand auch anders hätte handeln können. Die Vorstellung des Andershandelnkönnens — und das ist ja eben die der freien Willenslehre innewohnende Vorstellung — sei für die ganze Betrachtungsweise unergiebig.

Alles dieses ist verkehrt. Schon die Heranziehung der Ästhetik beruht auf dem Mangel jeder philosophischen Vertiefung. Was soll bei der Ästhetik die Handlung? Nicht die Handlung kommt bei ihr in Betracht, sondern das Werk, die zur Wirklichkeit gewordene Idee. Wäre es möglich, daß Kunstwerke ohne jede Menschenkraft entstünden, daß menschliche Ideen sich ohne Menschentätigkeit verwirklichten, so wäre das Kunstwerk ebenso groß und ästhetisch bedeutsam wie die menschliche Schöpfung. Dante schilderte einst im Purgatorio, wie an der Wand des Reinigungsberges die schönsten Bilder eingefügt waren, Bilder der Geschichte, so lebhaft, daß man glaubte, sie wären zur Natur geworden, und doch von idealer Bedeutsamkeit.

Gäbe es nun solche Bilder, so frage ich: wären sie nicht auch künstlerisch bedeutsam, wenn sie kein Menschenkind zum Bildner hätten, sondern unmittelbar aus der Hand Gottes hervorgegangen wären? Für die Ästhetik kommt nicht der Maler, sondern das Gemälde in Betracht. Die Ästhetik als solche braucht sich um den Maler nicht zu kümmern: sie hat das Bild nach seinem Gehalte und seiner Gestaltung zu schätzen; nur für den kunstgeschichtlichen Forscher ist es von Wichtigkeit, zu wissen, von wem, unter welchen Umständen und Einflüssen das Bild gemalt worden ist. In der Sittlichkeit aber hängt alles von der eigenpersönlichen Initiative ab: die sittliche Verantwortung folgt der Tat des Menschen; auch wenn sie bei dem bloßen Versuch geblieben ist. Was soll daher die Parallele zwischen einem schlechten Bilde und einem verbrecherischen Handeln?

Merkel meint allerdings, wir würden den barmherzigen Samariter nicht weniger schätzen, auch wenn wir uns dabei nicht vorzustellen vermöchten, *daß der Mann etwa anders handeln konnte*, auch wenn wir uns nicht die Lage versinnlichten, daß er etwa den Verwundeten liegen ließe, wie es andere vor ihm getan: der Mann könne ja nur gewinnen, wenn wir annehmen, daß das Sittliche so sehr in seiner Natur lag, daß ein Andershandeln ausgeschlossen war.

Sofern dies auf der Verwechselung von *Verdienst* und *verantwortungsvollem Handeln* beruht, ist davon bereits oben die Rede gewesen.

Sofern aber damit ausgesprochen werden soll, daß nach unserer Willensfreiheitslehre das Handeln des Samariters in dem Falle, wo jedes Straucheln ausgeschlossen war, seine *spezifisch sittliche Wesenheit* verlöre und *sittlich neutral* würde, ist dies nach anderer Seite hin verkehrt.

Denn die sittliche Wesenheit des Handelns verlangt nur die *Möglichkeit*, nicht auch die *Wirklichkeit* der sittlichen Überwindung; sie verlangt nicht die Wirklichkeit eines Kampfes im *Gemüte*, sondern nur eine solche seelische Lage, daß die sittlichen Einflüsse sich geltend machen konnten. *Das Handeln liegt im Kreis der Sittlichkeit, nicht weil im einzelnen Falle ein unsittliches Element bekämpft worden ist, sondern weil ein solches sich hätte einschleichen können.*

Es gibt daher nichts Verkehrteres, als mit Kant zu meinen, daß nur derjenige wahrhaft sittlich handle, der in Überwindung seiner selbst, im Kampfe mit sich das Gute tue, nicht wer aus Herzensneigung wahr, offen, mildtätig sei. Wer solche Herzensneigungen hat, der handelt sittlich, wenn er ihnen folgt und sich nicht durch Gegenmotive betören läßt; er handelt sittlich, wenn er diese Neigung in sich steigert und befestigt, er handelt sittlich, wenn er sein Tun so einrichtet, daß das Gute in möglichst ausreichender und vollkommener Weise zur Verwirklichung kommt; denn auch dann liegt das Handeln im Kreise der Sittlichkeit, wenn die Wahlentscheidung auch nur in Art und Maß sittlicher Betätigung zur Geltung kommen konnte. Im einzelnen ist zu bemerken:

1. Die Folgerungsweise Merkels berücksichtigt nicht das Werden des menschlichen Charakters. Wie, wenn der barmherzige Samariter durch ständige Zucht seiner selbst, durch Bekämpfung der Eigensucht und der unedlen Reize das wurde, was er ist? Glaubt man, daß der heilige Franziskus nicht auch durch langjähriges Ankämpfen gegen innere Triebe der Heilige geworden ist? Glaubt man, daß, wenn die Nachfolger eines heiligen Franziskus ihre Habe den Armen schenkten, sie nicht auch in freier Tat ihr eigenes Selbst besiegten und sich aus dem irdischen Streben zur Gottesruhe bekehrten? Kennt man nicht die Stirne des Heiligen, die uns das Bild jahrelangen Ringens und Kämpfens kundgibt? Hat nicht selbst die Geschichte Jesu das Gedächtnis der Versuchung hinterlassen? Jeder große Mann hat seine Lehrzeit, wo er mit sich ringt und der wird, als der er in der Welt zu wirken hat. Wenn schließlich der Heilige nicht anders kann, so ist dies vor allem seiner jahrelangen Selbstüberwindung zu verdanken: der Charakter, der sich im Handeln kundgibt, ist der durch ihn selbst gewordene Charakter.

2. Aber auch außerdem ist der Samariter ebensowenig wie der christliche oder buddhistische Heilige eine menschliche Maschine, in der der freie Wille etwa verstummt wäre. Auch der Samariter wird bei der Tat der Liebe prüfend vorgehen, und wenn etwa zwei oder mehrere Notlagen vorliegen, zu erwägen haben, wem und wie er helfen werde. Auch der Heilige wird zunächst Würdige und Unwürdige unterscheiden, soweit dies erforderlich ist, weil er nicht allen helfen kann. Aber auch die ganze Art, wie er an die Tat der Liebe herantritt, ist Gegenstand seines Ermessens. Ob er eifriger oder weniger eifrig handelt, die einen oder anderen Mittel anwendet, mit mehr oder weniger ins einzelne gehender Sorgfalt tätig ist, das ist Sache seines freien Entschlusses. Der Samariter, der von der Heilkunst etwas versteht, wird anders handeln als ein in der Heilkunst Unerfahrener, und wenn er ein Heilkundiger ist, wird er die Einzelheiten seines Tuns abwägen nach den

verschiedenen Methoden der Wundbehandlung. Und im Fall mehrerer Wunden wird er ermessen, wie er am besten beikommt. Dieses beweist, daß *der Mann nicht als Maschine, nicht als willenlose Puppe gehandelt*, sondern in seinem Handeln sich von Erwägungen hat bestimmen lassen, daß er sich also hierin nach Wahl betätigt hat. Aber außerdem kommt

3. in Betracht, daß auch der Samariter und der Heilige in immer *neue Zusammenstöße* geraten können mit den *Regungen unedler Triebe*. Wir werden uns die Frage aufwerfen: hätte er auch so gehandelt, wenn er durch ein entgegengesetztes Verfahren sich oder den Seinen oder auch nur dem Lande Samaria Vorteile verschafft hätte? Wir werden fragen: war nicht ein Teil seines Handelns durch *Gefall- und Ruhmsucht* bestimmt oder doch begleitweise mit beeinflußt? Wird es nicht unter den Christen, die in der Arena starben, manche gegeben haben, die dem *Gefühl des eitlen Gladiators* nahe kamen?

Wir haben daher im Samariter oder Heiligen stets eine von allem Menschlichen umgebene Persönlichkeit vor uns, nicht einen des menschlichen Gefühls baren Figuranten, und diese Überzeugung bestimmt unsere *ethische Beurteilung*; sie macht es, daß wir seine Tat als *eine sittliche Tat* betrachten, auch wenn wir der Überzeugung sein sollten, daß der Heilige im einzelnen Falle so sehr von edlen Trieben erfüllt war, daß die etwaigen Gegenmotive über ihn keine Macht hatten. Stets haben wir einen Menschen vor uns, der wenigstens in die *kritische* Lage versetzt werden kann und dessen Tun sich nicht mit mathematischer Bestimmtheit voraussagen läßt. Eben darum betrachten wir die Handlung als eine sittliche: in dem Augenblick, wo wir in ihm einen bloßen Figuranten erkännten, müßte er für uns jedes sittliche Interesse verlieren: einem *Tölpel, dem es Vergnügen macht, Wunden zu verbinden*, einem *Blödsinnigen*, der eine Freude daran hat, *Menschen, die ins Wasser gefallen sind, herauszuholen*, werden wir ebensowenig *sittliche Wesenheit* zuschreiben, als dem Bernhardinerhund, der einen Menschen gerettet hat.

Nur dann werden wir auch dem Handeln des vernünftigen Menschen den sittlichen Charakter absprechen, wenn sein im übrigen freies Verhalten die *Folge eines seelischen Mangels* war, wenn z. B. ein *Homosexueller* nicht mit dem *anderen Geschlecht* umgeht oder ein *völlig Geschlechtsloser* außer jeder geschlechtlichen Berührung bleibt, oder wenn jemand ein üppiges Mahl verschmäht, weil er seekrank ist. Hier aber fehlt es dem Menschen an einer gewissen Seite des menschlichen Seins: er entbehrt nach dieser Richtung hin der Vorzüge wie der Fehler; er kann sich in dieser Richtung weder tugendhaft noch lasterhaft gebärden. Noch weniger kann etwas positiv sittlich sein, wenn der Mensch in das entgegengesetzte Laster verfällt: wir werden den Verschwender nicht deshalb loben, weil er nicht geizig ist: Verschwendung und Geiz sind zwei Laster, die Dante in dieselbe Stufe des Purgatorio versetzt (Canto XXII):

In einem Bette fließt gezweite Flut:
Die beiden Seiten zeigt des Lasters Schalten,
Verschwendung, Geiz — sie sind von einer Brut.

§ 17.

Niemand leugnet weniger als wir den Einfluß der Beweggründe. Niemand leugnet weniger als wir den Einfluß des Charakters beim Handeln. Aber um so mehr bekämpfen wir die mechanische Seelenbetrachtungslehre, welche die Tat einfach als die mathematische Diagonale von Beweggrund und Charakter erachtet. Zunächst ist die Behauptung, daß der Mensch einen unwandelbaren Charakter habe, eine unrichtige, durch keine Erfahrung gerechtfertigte Hypothese; im Gegenteil ist der Charakter wandelbar, und wir selbst sind fähig, an unserem Charakter und seiner Verbesserung zu arbeiten, wie dies bereits (S. 32) hervorgehoben wurde. Sodann ist es aber vollkommen fehlerhaft, sich den Charakter so zu versinnlichen, daß, wenn ihn ein Beweggrund, gleichsam wie ein Instrument, angeschlagen hat, er in ganz bestimmten Taten, wie ein Instrument in bestimmten Tönen, zur Äußerung kommen müsse. Sollte man etwa annehmen, daß der eine Mensch nach der G-Saite, der andere nach der E-Saite gestimmt wäre, und wenn dann die Beweggründe hier einwirkten, mit Notwendigkeit G oder E herauskäme? Das wäre verkehrt. Allerdings wird der Charakter eine Geneigtheit ergeben zu einem bestimmten Handeln, denn der Charakter selbst ist ja nichts anderes als eine Geneigtheit, in einer bestimmten Weise auf die Einflüsse zu wirken, aber er ist eine Geneigtheit, nicht eine Notwendigkeit. Man begeht hier den Grundfehler, die organische Welt in die Zwangsjacke der unorganischen zu stecken und mit Erwägungen zu hantieren, die nur dem Unorganischen angehören. Das Organische hat so viele in das Unendliche hineinragende Besonderheiten, daß von einem derartigen Abstimmen des Charakterinstrumentes nicht die Rede sein kann. Bleiben wir bei dem Bilde: die E-Saite wird allerdings nie wie die G-Saite erklingen, aber der Geiger, der seinen Finger auf eine bestimmte Stelle der E-Saite legt und sie dadurch verkürzt, wird die Töne F, G, A, H und noch unendlich viel andere Töne zustande bringen können; er kann durch leises Ansetzen der Finger die Flageolettöne erzeugen, er kann durch die Art der Bogenführung ein Forte oder ein Piano hervorrufen. So ist es mit dem menschlichen Charakter. Der menschliche Wille wird kraft seines Charakters in der Art verfahren, daß sicher gewisse Handlungen nicht herauskommen können: Niemand, der sich neben einem sanften Menschen zu Tisch setzt, hat das Gefühl, daß dieser vielleicht auffahren und ihn erwürgen könne; allein innerhalb der Charakteranlagen wird der Mensch kraft seines freien Willens so oder anders handeln. Der Charakter wird eine Geneigtheit erzeugen, die so stark ist, daß gewisse Handlungen nicht erfolgen werden; im übrigen aber ist die Art der Handlung eine zweifelhafte. Sollten wir im einzelnen Falle annehmen, daß die Beweggründe so stark auf den Charakter wirkten, daß der freie Wille nicht mehr genügend tätig sein konnte, um das Unsittliche zu vermeiden, so hätten wir einen Unzurechnungsfähigen vor uns, und damit wäre jede Verantwortung ausgeschlossen.

2. Charakter des Strafrechts.

§ 18.

Das Strafrecht beruht auf Willensfreiheit, und die Strafe ist Sühne dafür, daß der Mensch in bestimmter Weise gehandelt hat, während er anders hätte handeln können und sollen. Die Sühne geschieht durch das Mittel des Schmerzes und Leidens, denn das Leid entfernt die Schuldbelastung.

Diese Idee ist natürlich eine metaphysische, aber nicht metaphysischer als alle tiefere Wissenschaft, nicht metaphysischer als überhaupt der Gedanke der Ausgleichung und ausgleichenden Gerechtigkeit. Sie entspricht zudem völlig der religiösen Anschauung; denn wenn das Christentum vom Opfertod des Erlösers spricht, so verbindet es zwei Ideen, die Idee der Sühne und die Idee der Übernahme der Sühne durch einen Dritten. Von dem letzteren sehen wir hier ab; die Sühne aber ist die metaphysische Überzeugung, ohne die das Christentum und damit unsere ganze Weltkultur nicht bestehen kann.

Auf diese Weise ist die Auffassung des Strafrechts als eines Vergeltungsrechts auch noch für unsere Tage die allein richtige; ohne den Vergeltungsgedanken wird das Strafrecht zu einem System polizeilicher Fürsorge, zu einem utilitaristischen Sicherungs- und Erziehungsgebilde, das mit der Gerechtigkeit nichts zu tun hat und schließlich zu dem Satze ausartet, es sei besser, daß der eine gekreuzigt werde, als daß das ganze Volk leide. Daß das Leiden den einzelnen bessern und von späteren Vergehen abhalten kann (Spezialprävention), ist sicher; daß es andere abschrecken kann (Generalprävention), ist gleichfalls sicher; aber dies sind Begleiterscheinungen, deren Eintritt für das Ganze wohltätig ist, die aber nicht als Grund und Sinn der Institution gelten können.

Das Strafrecht ist aber nicht das einzige, was der Gesellschaft gegenüber der Verbrecherwelt obliegt. Dahin gehört auch die sittliche Hilfe und die Sicherung. Es ist Sache der Wissenschaft, alle diese Gebiete zu gestalten, und eine der Grundbedingungen ist hierbei, daß wir diese verschiedenen Zweige der Staatstätigkeit in ihrer Verschiedenheit erfassen, sie nicht in das eine Gebiet des Strafrechtes zusammenschweißen.

Im Anschluß an die Bedeutung des Charakters bei der menschlichen Tat hat man aber folgenden Fehlschluß gemacht; man hat gesagt: ist der Charakter *gut* und handelt der Mensch *doch schlecht*, so müsse seine Verantwortung eine viel größere sein, als wenn er von Charakteranlage *schlecht* wäre, d. h. wenn er kraft seines Charakters schon an sich die Geneigtheit verspürte, gegen die menschliche Ordnung zu verstoßen. Darum müßte man eigentlich den *Tugendhelden* mehr bestrafen als den *Lastermenschen*! Dies führt auf jene Verkehrtheit zurück, welche schon oben S. 31 gegeißelt worden ist. Wie der Mensch mit einem guten Charakter die Aufgabe hat, nach ihm zu handeln und sich nicht durch Gegenmotive betören zu lassen, wie er diesen Charakter stets in sich befestigen und weiter ausbauen soll, so hat derjenige, der den bösen Dämon in sich kennt, die heilige Pflicht, diesen Charakter zu bekämpfen und sich mit der größten Vorsicht zu verhalten, wenn anzunehmen ist, daß der schlimme Drang zum Ausbruch kommt; er hat zu ringen im großen Ganzen und hat zu ringen im einzelnen Falle. Wer einen guten Charakter hat, der wird im einzelnen Falle auf Grund *übermächtiger* oder *heimlich anschleichender Beweggründe* fehlen; er hat eben zu wenig erkannt, daß der Böse oft unerwartet heranhuscht, er hat ihm zu wenig das Tor verschlossen. Daß die Pflichtwidrigkeit eines solchen viel geringer ist als die eines von Charakter Lasterhaften, ist selbstverständlich, und das berücksichtigt auch der Strafrichter im Strafmaß und in der Zuweisung mildernder Umstände. Es ist ebenso, wie der Wächter mehr verantwortlich ist, wenn er einen stark gefährdeten Schatz zu bewachen hat, als wenn er zur Bewachung von Gegenständen aufgestellt ist, die man als ziemlich sicher zu betrachten pflegt. *Je größer die Gefahr, desto größer ist natürlich auch die Pflicht der Abwehr und desto größer die Verantwortung dessen, der die Pflicht vernachlässigt hat.*

Hiernach tritt allerdings die Wahrheit hervor, daß es Menschen gibt, die *von Natur mit einer viel schwereren Pflicht belastet sind als andere*; denn auch abgesehen vom erworbenen Charakter gibt es im angeborenen Charakter große Unterschiede, und sodann kann der angeborene Charakter in der Jugendzeit, wo der Mensch noch nicht in der Lage war, mit Verständnis an sich zu arbeiten, verdorben und verkehrt werden; auch kann möglicherweise die ganze Umgebung auf die Bildung des Charakters verderblich, fast möchte ich sagen, mörderisch einwirken. So ist dem einen ein *schwereres*, dem anderen ein *leichteres Lebensproblem* gestellt.

Das ist richtig. Allein solches ist nicht der einzige Fall, wo die Schicksalsfügung als ungerecht erscheint. Die ganze Menschheit ist voll solcher Ungleichheiten. Der eine wird vom Schicksal in schwere Versuchungen geführt, die dem anderen fern bleiben, der eine kommt in eine soziale Stellung, in welcher die Pflichtenlage sehr schwer ist, während ein anderer in Verhältnissen wirkt, wo er viel nützen und nicht viel schaden kann. Das ist das Geheimnis des Schicksals, mit dem wir nicht hadern dürfen, weil das Schicksal auf die Kultur als Gesamtheit, nicht auf den einzelnen Menschen zugeschnitten ist und der einzelne nur ein Element im Gefüge des Ganzen ist. Aber allerdings ist es eine *soziale Aufgabe der Menschheit*, sei es *in der Privat-*, sei es *in der Staatstätigkeit, solche Ungleichheiten möglichst zu lindern.* Wenn man heutzutage bestrebt ist, durch Versicherungen oder andere Einrichtungen die durch Zufälligkeiten herbeigeführte Verhältniswidrigkeit der Lebenslagen zu mäßigen, so ist es unsere fernere Aufgabe, den Mitmenschen zu helfen, auf daß die Pflichtlage, in die sie ihr Charakter gestellt hat, möglichst zum Guten gewendet und die schwere Last, die das Schicksal ihnen auferlegt hat, erleichtert wird.

Hieraus ergeben sich gesellschaftliche Aufgaben, welche die frühere Zeit nur in ganz geringem Maße verstanden hat. Zwar hat man von jeher Erziehung geübt, doch in älterer Zeit mehr äußerlich, und auch heutzutage wird regelmäßig neben der intellektuellen Erziehung die Charaktererziehung vernachlässigt, ja vielfach unter der Verstandesbildung der moralische Charakter geradezu verdorben, namentlich durch übermäßige Steigerung des Ehrgeizes, der dann in Mißgunst überging, durch Erweckung der Schadenfreude u. a. Natürlich muß die Erziehung in Zeiten einsetzen, wo die Seele noch am meisten bildungsfähig ist, in der Jugend, und darum ist es heilige Pflicht des Staates, wo überall die Familienerziehung zum Verderben wird, namentlich wo die Familie nur Laster ausströmt, das Kind der Familie zu entziehen und in eigene Pflege zu nehmen. Auf solche Weise hat die Fürsorgeerziehung schon Fruchtbares geleistet. Tut dies der Staat nicht, so ist er selber gewissermaßen verantwortlich für das furchtbare Verhängnis, in welches der Mensch auf diese Weise gestürzt wird; und da der Staat nicht alles allein vermag, so muß die Kraft der Privattätigkeit mithelfen. Die Jugendfürsorge, welche namentlich in den niederen Klassen nur in höchst unvollkommenem Maße von der Familie gepflegt wird, muß von diesen anderen Faktoren energisch in die Hand genommen werden. Dazu gehört auch, daß man den einmal gefallenen jugendlichen Missetäter möglichst aufrichtet und nicht etwa in den Abgrund des Verderbens versinken läßt.

Aber auch im späteren Leben muß man zu helfen suchen; und wo man nicht auf den Charakter einwirken kann, kann man in der Art Beistand leisten, daß man die Beweggründe möglichst beiseite schafft, welche den Charakter ins Verbrechen führen können; daß man also die Verführung vermindert, daß man, da Not, Arbeitsmangel, schlechte Gesellschaft eine Quelle schlimmer Motive sind, womöglich für Arbeit, angemessene Unterkunft, richtigen Umgang sorgt, daß man mit Rat und Tat dem einzelnen beisteht und ihn vor den Schlingen des Verderbens zu retten sucht. Hier bietet sich der menschlichen Gesellschaft eine sehr dankbare Aufgabe, um den Kampf gegen das Böse zu unterstützen. In dieser Hinsicht stehen wir noch am Anfang der Dinge. Bis jetzt hat man sich vielfach auf Einzelheiten geworfen, z. B. auf die Linderung der menschlichen Not; aber die Menschheit kann hundert andere Mittel gewähren, um den Handelnden bei der Bildung des Willens zu unterstützen und ihm zu helfen, daß er nicht unterliegt. Auch hat insbesondere die Religion einen ungeheueren sittlichen Einfluß, und diejenigen, welche dem Volke die Religion nehmen, nehmen ihm damit eines der mächtigsten Mittel im Kampfe gegen das Böse. Ein anderer sittigender Einfluß liegt in der Genossenschaftsbildung, indem der Genosse, schon um nicht ausgeschlossen zu werden, sich von vielen Lastern und Ungereimtheiten fernhalten muß; daher waren frühere Zeiten kurzsichtig, wenn sie wegen einzelner Gefahren die Genossenschaftsbildung grundsätzlich erschwerten. Sodann kann man durch Auskunftsstellen viel dazu beitragen, dem einzelnen den richtigen Anschluß zu schaffen und ihn vor drohenden Gefahren zu schützen, und zwar soll dies mühelos und unentgeltlich geschehen.

Natürlich kann die Hilfe auch mittelbar sein; so wird der Kampf gegen den Alkoholismus wesentlich zur sittlichen Förderung der Menschheit führen, denn das alkoholische Laster hat die Menschheit nicht nur intellektuell, sondern auch moralisch furchtbar heruntergebracht. Nicht nur haben wir es dem Alkohol zu danken, daß wir um einige Jahrhunderte in der Geistesbildung zurückgeblieben sind, sondern die entsetzlichsten Laster, die häßlichsten Gebrechen, die angeborenen moralischen Defekte sind großenteils diesem verderblichsten aller Gifte zuzuschreiben.

In allen diesen Beziehungen müssen gegen den bisherigen Staat schwere Vorwürfe erhoben werden. Man hat zu wenig erkannt, daß, wenn auch der menschliche Wille frei ist, es Pflicht der Menschheit ist, dem einzelnen bei diesen furchtbaren Gefährdungen die Hand zu reichen und die gefährlichen Einflüsse, welche ihn ins Verderben locken, zu bekämpfen oder zu zerstören. Man hat die Genossenschaftsbildung erschwert; man hat den Alkoholismus gestattet, den Branntweinausschank nicht verboten, man hat nicht für alkoholfreie Herbergen gesorgt, den Verkauf von Tee statt Spirituosen nicht gefördert, man hat die größte aller Verkehrtheiten, den Weinzwang in den Wirtschaften, geduldet, als ob man es darauf ablegen wollte, den Menschen zum Alkohol zu nötigen! Und nun beklagt man sich über die Folgen! Bei aller Freiheit des Willens ist es sicher, daß der eine schwerer, der andere weniger schwer zu kämpfen hat, daß die Aufgabe des einen eine leichte, die des anderen eine riesengroße ist, daß also in dieser Beziehung eine große Ungleichheit in der Menschheit auszugleichen ist; und diese Aufgabe hat man nicht erfüllt, bis das Menetekel an uns herantrat. Jetzt muß man erklären: eine Hauptpflicht der Gesellschaft ist sittliche Beihilfe zugunsten der Charakterschwachen, damit ihr Charakter verbessert, damit die Versuchung von ihnen abgewendet und damit die verderblichen Einflüsse, die Tag für Tag auf ihren Charakter herniederträufeln, entfernt werden.

Hervorzuheben ist, daß gerade wir von seiten der Schule des freien Willens diese Anforderungen erheben; denn bei aller Anerkennung des freien Willens verstehen wir die ungeheuren Einflüsse, welche die Umgebung, das „Milieu" auf den Menschen ausübt, und indem wir erkennen, daß dem frei wollenden Menschen eine so verschiedene Aufgabe gestellt ist, empfinden wir die Notwendigkeit, hier auszugleichen; wir erkennen diese Ausgleichung nicht nur als Gebot der Nützlichkeit, sondern auch als Gebot der Gerechtigkeit. Wenn dies bisher nicht im gehörigen Maße geschah, so hat hierzu vor allem die einseitige Auffassung der Staatstätigkeit beigetragen; glaubte man doch, ein großes Werk zu verrichten, wenn man den Staat als bloßen Rechtsstaat erklärte, und hielt man es doch jahrzehntelang für die Art des braven Bürgers, möglichst seine Wege zu gehen und sich nicht um andere zu kümmern; hat man doch auch den Beruf der Presse verkannt, und indem man ihr die Wohltat des § 193 St. G. B. verweigerte, ihre sittliche Aufgabe möglichst erschwert!

Es ist unsere Pflicht, die Verirrten sittlich zu erziehen; es ist Pflicht der Presse, auf diese Aufgaben hinzudeuten!

3. Strafrecht und sittliche Hilfe.

§ 19.

Ein Hauptmittel, um dem Verbrecher einen neuen Halt zu geben, ihn in lebensentsprechende Verhältnisse zu bringen, ihn einem Berufskreise, der sein Leben ausfüllt, zuzuweisen und die Verführungselemente von ihm zurückzuhalten, ihn auch dem Alkohol völlig zu entziehen, ist die Strafverschickung (Deportation), die mit Recht in der neueren Zeit so eifrig in Anregung gebracht wird. In ihr tritt nicht nur das strafende, sondern vor allem auch das fördernde und das bessernde und sichernde Motiv hervor; denn eine Hauptsache ist es: 1. den Menschen aus der unsittlichen Umgebung zu schaffen, die ihn ständig zum Verderben reizt, 2. ihm einen gesellschaftlichen Beruf zu geben und ihn in Verhältnisse zu stellen, wo, wie im Lethestrom, die Erinnerung an sein Vorleben getilgt wird, und 3. ihn in Verbindungen zu bringen, welche ihm zu einem neuen gesellschaftsgedeihlichen Dasein verhelfen. Darum ist der Gedanke der Strafverschickung sympathisch zu begrüßen und alle dagegen erhobenen Einwände müssen vor den ungeheueren Wohltaten dieser Einrichtung verstummen.

Man hat gegen sie vielfach das Beispiel Australiens geltend gemacht, woselbst man schließlich genötigt gewesen sei, von der Einführung neuer Sträflinge abzusehen. Dies beruht aber auf einem Grundfehler, der damals gemacht worden ist, nachdem Macquarie, der von 1809—1822 die Verbrecherkolonie zu einem außerordentlichen Stande der Blüte gebracht hatte, von seinem Posten zurücktrat. Der große Fehler lag darin, daß man freie Einwanderer in die Verbrecherkolonie aufnahm. Sobald dies in erheblichem Maße geschieht, wird sich immer ein starker Zwiespalt zwischen den freien Einwanderern und den angesiedelten Verbrechern ergeben, und die freien Ansiedler werden nicht ruhen, bis der Zuzug von Verbrechern aufhört, ausgenommen den Fall, daß die Verbrecher als Arbeiter bei den freien Ansiedlern untergebracht werden. Letzteres hat man auch in Australien versucht, allein ein solches System läßt sich nur in beschränktem Kreise durchführen. Andererseits werden, wenn freie Einwanderer nicht nur als Landbesitzer, sondern auch als Arbeiter tätig sein wollen, die freien Arbeiter sich gegen das System auflehnen, welches ihnen eine verderbliche Konkurrenz bereitet.

Mit dem Augenblick aber war das Schicksal der Verbrecherkolonie in Australien besiegelt, als sich infolge der Auffindung der Goldlager ein ungeheurer Strom von Einwanderern dorthin ergoß. Jetzt wälzte sich eine Menge von freien Einwanderern nach Neusüdwales und Viktoria, siedelte sich dort an, und diese konnten natürlich mit den dort weilenden Verbrechern nicht mehr im Einvernehmen wohnen. Auf solche Weise wird jede Verbrecherkolonie unerträglich werden, wenn man sie nicht von der freien Niederlassung gründlich abscheidet.

Im übrigen hat in Frankreich die Zwangsverschickung zur Verminderung der Kriminalität im Mutterland beigetragen; und wenn hier nicht alle Erwartungen erfüllt und Mißstände eingetreten sind, so sind sie auf das mangelhafte Kolonisationstalent der Franzosen und die vielen dort gemachten Fehler zurückzuführen; die Erfolge der Portugiesen sind günstig gewesen, am günstigsten die Erfolge der Russen in Sibirien und Sachalin.

Ein Haupterfordernis einer gesunden Politik wird es sein, Landstriche zu finden, in welchen der Verbrecher die Möglichkeit einer geregelten Arbeit findet und sich schließlich die Mittel einer eigenen Existenz erwerben kann; denn unser wesentliches Bestreben ist, daß der Verbrecher sich selbst ernährt und die Kosten seines Unterhalts von sich aus deckt, daß er auf diese Weise zu einer für sein künftiges Leben maßgebenden hinreichenden Existenz gelangt. Daß Südwestafrika dazu tauglich sei, hat man wegen der Bodenbeschaffenheit bestritten. Die Gründe der Bestreitung sind ungenügend. Vor allem aber wären Inseln der Südsee völlig geeignet, und es sind solche schon mehrfach vorgeschlagen worden.

Bei diesen Verbrecherkolonien wird auch eine Verbindung der Geschlechter in ehelicher Weise anzubahnen sein, so daß sich ein Familiendasein bildet mit seiner sittigenden Kraft. Eine Ansiedlung von Männern allein wird zu Perversionen und widernatürlichen Geschlechtsverhältnissen von Mann zu Mann führen. Die Befürchtung aber, daß sich aus derartigen Geschlechtsverbindungen eine schlechte Generation entwickelt, hat Australien längst zerstreut. Die Hauptsache ist: geregelte Arbeit, Entfernung des verderblichen Milieus; dies wird im Laufe der Generationen von selbst ein besseres Geschlecht herbeiführen.

4. Strafe und Sicherung.

§ 20.

Die Sicherungsmaßregeln sind keine Strafe, sondern beginnen nach der Strafe; die Sicherungsanstalten sind nicht gedacht als Irrenanstalten, denn man betrachtet den Täter nicht als geistesgestört, ansonst man ihn nicht strafen würde: man betrachtet ihn als einen zurechnungsfähigen Menschen, von dem aber nach seinem Vorleben zu erwarten steht, daß er den freien Willen nicht zur Bekämpfung seiner sündhaften Triebe verwenden, sondern sich seiner bedienen wird, um weiter zu freveln und die Mitwelt zu bedrohen und zu bedrängen.

Daß eine derartige Schlußfolgerung von der Vergangenheit auf die Zukunft mit dem freien Willen nicht unverträglich ist, ergibt sich aus dem Gesagten von selbst. Allerdings könnte man entgegenhalten, daß zwar nicht das Ob, aber das Wie der Willensbestimmung außerhalb des Kausalgesetzes liege und daher von der Art der Entscheidung in einem Falle auf die Entscheidung im anderen nicht geschlossen werden könne. Dies würde aber der Erfahrung widersprechen. Denn wenn das Wie der Entscheidung in Umständen begründet ist, welche, der gewöhnlichen Kausalität unzugänglich, in einem Unendlichen beruhen, welches mathematisch nicht dargestellt werden kann, so kann auch das Unendliche wieder seine Gesetze haben, die näher zu erkunden uns nicht möglich ist. Soviel aber ergeben die Zeugnisse der Erfahrung, daß, wenn die Wahlpersönlichkeit dauernd in einem bestimmten Sinne entschieden hat, eine weitere Entscheidung in diesem Sinne zu erwarten steht; wenigstens solange die Wahlentscheidung unter den nämlichen Einwirkungen erfolgt und nicht eine charakterologische Änderung eingetreten ist, welche die einwirkende Motivmasse verschiebt.

Daher wird eine sichernde Einsperrung gerechtfertigt sein, wenn einerseits die Gefahr als dringend erscheint und andererseits die bedrohten Rechtsgüter von großer Bedeutung sind und ihre Schädigung schweres Unheil über die Menschheit brächte.

Die Einsperrung ist also nicht eine Irrenhauseinsperrung, sondern eine Versetzung eines zurechnungsfähigen Menschen, der, weil er seine Strafe bereits abverdient hat, nicht weiter zu strafen ist, in eine solche Lage, daß er der Menschheit nicht mehr schädlich werden kann. Da hier eine Irrenbehandlung nicht stattfindet, so liegt keine Krankenpflege vor und nichts, was an Heilung und Gesundung erinnert. Denn es wird ja vorausgesetzt, daß eine Besserung nicht möglich und folgeweise auch bessernde Einwirkungen fruchtlos sind: also weder eine intellektuelle noch eine seelische „Sanierung" wird erstrebt. Das, was man will, ist lediglich etwas Negatives, nämlich den Täter zu verhindern, in gewisser Weise die Menschheit zu schädigen. Kann der Täter hier nicht von seinem Vermögen leben, so wird man ihn in bestimmter Weise wirtschaftlich beschäftigen und ihm die Möglichkeit verschaffen, sich seinen Unterhalt und sonstige Lebensgenüsse zu verdienen, wie er solches in der Freiheit vermöchte.

Natürlich kommt hier nicht etwa bloß eine Einsperrung in den Umfassungsmauern einer Sicherheitsanstalt in Betracht. Unsere Vorfahren kannten noch andere Mittel: sie bedienten sich insbesondere der Verbannung — diese ist aber, als Verbannung in ein fremdes Land, aus völkerrechtlichen Gründen ausgeschlossen: nur den Ausländer weisen wir über die Grenzen. Auch das früher viel verbreitete barbarische Mittel, den Täter zu blenden und dadurch hilflos zu machen, fällt für uns außer Betracht.

Aber immerhin ist es noch heute möglich, daß man den Unverbesserlichen auf eine Insel verbannt, auf welcher die durch sein Tun bedrohten Gegenstände gar nicht vorhanden sind, daß man ihn einer

Bewachung unterwirft, daß man ihm dasjenige wegnimmt, wodurch er schaden kann: beispielsweise kann auch die Sicherung in einem bloßen Waffenverbot bestehen oder, sofern es sich um einen Menschen handelt, der nur in angetrunkenem Zustande Schlimmes tut, in einem Wirtshausverbot, in einem Verbot geistiger Getränke. In dieser Beziehung ist für die verschiedenen Verbrecherarten ein Verschiedenes auszudenken; denn eine größere Entbehrung, als nötig ist, um den Zweck der Sicherung zu erreichen, soll nicht herbeigeführt werden.

Natürlich ist auch hier die Zwangsverschickung das Angemessenste, denn sie gibt die Möglichkeit, den Menschen von den normalen Kulturstätten zurückzuhalten, ohne ihn einer allzu schweren Freiheitsberaubung zu unterwerfen.

5. Kriminalität und Vorbeugungsmittel.

§ 21.

Man spricht und schreibt viel von der Zunahme der Kriminalität, und in Deutschland läßt sich eine gewisse Steigerung nicht in Abrede stellen. Doch ist diese Steigerung nicht gerade beunruhigend. In gewissen Ländern ist eine Abnahme zu verspüren, in anderen ist die Kriminalität jedenfalls viel geringer als bei uns. Besonders günstig steht in dieser Hinsicht der Kanton Genf, und auch im Kanton Zürich ist die Kriminalität von 72 per 10000 in den Jahren 1854—58 auf 62 per 10000 in den Jahren 1899—1903 zurückgegangen; auch die Kriminalität in England ist viel geringer als in Frankreich und Deutschland. Auf der anderen Seite zeigt die Verbrechermenge in Frankreich, nach ihrer starken Zunahme früherer Zeit, in den Jahren 1892—1902 wiederum eine ziemliche Abnahme, und der Glaube, daß gerade in den großen Zentren die Verbrechensmenge sich steigert, hat sich als unzutreffend erwiesen, denn die Kriminalität in London und in Paris ist geringer als in vielen anderen Landesteilen.

Die Gründe der Abnahme und der Steigerung der Kriminalität liegen noch nicht klar zutage. Jedenfalls wird man in Frankreich annehmen können, daß die Deportation viel zur Gesundung des Volkes beigetragen hat, sofern gerade die Deportierten solche sind, welche sich durch antisoziale Art hervortaten und gewiß auch in der Kriminalität fortgelebt hätten. Wenn auch in Deutschland einmal 10 bis 20000 der schlimmsten Gesellen fortgeschafft sind, dann wird für unsere Zustände eine bedeutende Gesundung eintreten. Früher pflegte man sich bei uns in Ermangelung von Strafkolonien der Vereinigten Staaten als einer Abschubstätte zu bedienen, und lange Jahre hat man aus Deutschland die unbrauchbaren Subjekte dorthin geschickt, wo sie dann in einer ganz fremden Umgebung entweder untergingen oder sich zu mehr oder minder tauglichen Geschöpfen auswuchsen. Das hat gegenwärtig aufgehört, und ein anderer Abschub ist nicht gegeben. Zu Deportationskolonien hat man sich noch nicht verstehen wollen, und auf solche Weise bleiben eine Menge von höchst schlimmen und ungelegenen Gesellen in Deutschland zurück, so daß man sich nicht wundern darf, wenn die Kriminalität steigt.

Ein besonderer Abschub erfolgte in früheren Jahrhunderten durch die Kriege. Die Kriege früherer Zeit waren viel verlustreicher als heutzutage; nicht etwa direkt, sondern indirekt, indem durch die Massenerkrankungen, gegen die es damals kein Mittel gab, und durch die mangelhafte Pflege und Heilung eine ungeheure Menge von Existenzen zugrunde gingen, und gerade solche, welche sich in dem umherstreifenden Kriege wohler fühlten als in einer seßhaften Kultur.

Im übrigen aber ist zu bemerken: Es ist zunächst unrichtig, anzunehmen, daß die gesteigerte Kultur ein Abnehmen der Verbrecherschaft bewirke; denn die Erhöhung der Bildung bewirkt vor allem eine Erhöhung der Verstandeskräfte und eine Steigerung des Geistesinhaltes, sowie eine Entwickelung des Schönheitssinnes in Verbindung mit dem Emporwachsen der Wirtschaft und der Vermehrung der wirtschaftlichen Güter und Lebensbedürfnisse. Alles dieses enthält durchaus nicht die notwendige Hemmung gegenüber dem Überwuchern gesellschaftswidriger Bestrebungen, — höchstens insofern, als die Beschäftigung den einzelnen von verderblichen Gedanken abbringt oder ihm die Notwendigkeit der Unterwerfung unter staatliche Verhältnisse eindringlich klarlegt. Gewisse Arten des Verbrechertums werden allerdings aufhören: das Banditentum ebenso wie die Blutrache; allein, wie noch zu zeigen, setzt sich das Banditentum in anderer Gestalt fort, und an die Stelle der Blutrache treten andere schwere Entartungen. Andererseits wieder gibt die Steigerung der geistigen Bildung reiche Gelegenheit zum Aussinnen von Tausenden von verbrecherischen Plänen, und die Mittel der Verbergung und Verschleierung werden immer durchdachter und undurchsichtiger; vor allem aber bewirkt die Steigerung der wirtschaftlichen Kultur eine scharfe Kluft zwischen arm und reich, und die erhöhten Genußmittel erhöhen zugleich die Begehrlichkeit und rufen eine Reihe ungesunder

Triebe wach; auch wird die Beschäftigung mit dem Schönen vielfach eine gewisse geschlechtliche Erregung nicht vermeiden lassen, und was die durch gesteigerte Bildung herbeigeführte Blutscheu betrifft, so wird sie, wie noch zu zeigen, durch andere Umstände niedergehalten. Vor allem aber enthält die Kultur ein Bestreben nach Verselbständigung des Einzelwesens und nach einer gewissen Loslösung aus der Gesamtheit und ihren gesellschaftlichen Beziehungen. Jedes Wesen wird mehr und mehr sich selbst der Nächste und will sich in seiner Weise entwickeln und sein Geschick gestalten; da stößt es natürlich vielfach auf Hemmnisse und Schwierigkeiten, und so steigt die Unzufriedenheit und das Mißtrauen gegen die herrschenden Zustände. Schon an sich enthalten die Kräfte, welche die Menschheit zur Kultur führen, einen großen Gehalt von Unzufriedenheit mit den vorhandenen Verhältnissen und Beziehungen, denn gerade dem Streben nach Besserem eignet eine gewisse negative Stimmung gegenüber dem bisher Vorhandenen. Das Bestehende wird mehr oder minder unleidlich; was bisher als fest und sicher galt, wird in seiner Unvollkommenheit, jedenfalls in seiner Relativität erkannt, und die ehrfurchtsvolle Scheu vor dem Althergebrachten bricht mehr und mehr zusammen. Unzufriedenheit ist das Merkmal aller Kultur, ebenso wie sie das Merkmal eines jeden schöpferischen Geistes ist. Kein Zeitalter war stürmischer als das des Perikles und das des Michel Angelo, und keine Bevölkerung unruhiger als die griechische und die florentinische.

Damit wollen wir nicht mit gewissen Soziologen das Verbrechen als eine gesunde, notwendige Kulturäußerung bezeichnen, bei deren Ausbleiben die Kultur erkrankte; wir wollen nur zur Geltung bringen, daß die Bildung eine Menge Verbrechenskeime in sich trägt, die zum Ausbruch kommen können; wird ihr Ausbruch verhütet, können sie rechtzeitig bekämpft und vernichtet werden, so ist dies eine Wohltat, und daß in dieser Hinsicht viel geschehen kann, zeigen Erfahrung und Geschichte.

Ein Punkt darf dabei nicht übersehen werden. Auch der Militarismus ist (natürlich wie jede Kultur eine unschuldige) Ursache der steigenden verbrecherischen Triebe. Zwar enthält der Soldatendienst eine heilsame Zucht; auf der anderen Seite aber ist nicht zu vermeiden, daß der ständige Gebrauch der Waffe und die kriegerische Übung von selbst eine gewisse Rauheit des Wesens mit sich bringt und der Krieg selbst die Scheu vor Blutvergießen mehr oder weniger abstreift. Auch das Zusammensein kräftiger, urwüchsiger Menschen im jugendlichen mittleren Alter führt natürlich eine Fülle von Zusammenstößen mit sich, welche die Leidenschaftlichkeit steigern. Während der Soldatenzeit werden die schlimmen Keime durch eiserne Disziplin niedergehalten, nicht aber nach Beendigung des Dienstes. Damit mag zusammenhängen, daß gerade nach gewisser Richtung hin die Verbrechensentwickelung in Deutschland und Frankreich größer ist als in England.

§ 22.

Die Steigerung des Verbrecherlebens mit der Kultur ist an sich eine betrübende Tatsache; allein tröstlich ist, daß sie die aufstrebende Kultur nicht hindert und durchaus nicht der Weiterentwickelung der Menschheit im Wege steht. Die Zeit von Dante bis Michel Angelo war eine Zeitspanne unerhörter Kraftentwickelung menschlichen Geistes; aber ebenso gewiß ist es, daß damals in Florenz die Zahl der Verbrechen eine geradezu haarsträubende Zunahme erfahren hat. Auf der anderen Seite müssen wir daraus die Belehrung schöpfen, daß die Kultur durchaus nicht zur Verweichlichung in der Strafrechtspflege führen darf: es handelt sich für uns nicht etwa bloß darum, die Kultur zu entwickeln, sondern auch die mit der Kultursteigerung im Zusammenhang stehenden gesellschaftswidrigen Verhältnisse möglichst zu bekämpfen. Das ist bisher nur in geringem Maße geschehen. Man glaubte, mit der Beförderung der geistigen Anlagen alles getan zu haben, weil man der Meinung war, als ob die Erhöhung der Bildung von selber das Verbrechertum schwinden lasse. Das ist der größte Wahn, der je die Gesetzgebung irregeleitet hat. Man muß zur Erkenntnis gelangen, daß mit steigender Kultur die Triebe zum Verbrechen eher zu-, als abnehmen, und man muß darum bedacht sein, diesen Trieben möglichst entgegenzuwirken. Wie es die Menschen anstellen sollen, um die Pflanzstätten des Verbrechens dauernd zu vernichten, wie sie auf der anderen Seite dem zum Unheil Geneigten unter den Arm zu greifen haben, um ihn in seiner schlüpfrigen Lage zu unterstützen, ist bereits entwickelt worden. Dort wurde besonders hervorgehoben, daß die Zwangsverschickung Tausende und aber Tausende gefährlicher Elemente in Verhältnisse bringt, in denen sich ihre verbrecherische Tätigkeit abstumpft und ihre unheilvollen Pläne, in Ermangelung der nötigen Nahrungsstoffe, selbst absterben.

Tun wir das Unserige, um derartige Milderungen herbeizuführen! Die Menschheit der siebziger Jahre, die uns einst Treitschke als das Muster heroischer Vaterlandstugenden darstellte, war gerade in dieser Beziehung völlig unfruchtbar. Man wirtschaftete damals mit vorhandenen gesellschaftlichen Mitteln, ohne zu beachten, daß die Neuzeit mit all ihren Anforderungen und Bestrebungen auch in dieser Beziehung neue Wege einschlagen müsse. Nichts tat man, um die wirtschaftlichen Gegensätze zu lindern, und ein Schultze-Delitzsch vermeinte noch mit den Kräften einer genossenschaftlichen Mittelstandspolitik die ungeheuren Aufgaben zu erfüllen, die sich aus den unerhörten Änderungen der wirtschaftlichen und seelischen Zustände und aus den neuen gesellschaftlichen Verhältnissen von selbst ergaben. Nur von kirchlicher Seite, von der Seite des Katholizismus zeigten sich die Anfänge großzügiger gesellschaftlicher Bestrebungen; allein die Kirche wurde durch den unseligen Kulturkampf in ihren Bestrebungen zurückgedrängt, und anstatt ihre Tätigkeit zu fördern, glaubte man der Kultur zu dienen, indem man sie niederhielt und bekämpfte. Und so nahm die Ruchlosigkeit überhand, um so mehr als die Arbeiterbewegung leider in den Hafen der Sozialdemokratie einmündete, in der, statt einer gesunden, die Kultur fördernden Opposition, ein ungesunder Gegensatz gegen die ganze vorhandene Gesellschaftsordnung gezüchtet wurde.

Schwer haben wir an diesen Fehlern vergangener Jahrzehnte zu leiden. Es fehlte uns damals ein Staatsmann, der es vermocht hätte, die innere Entwickelung mit genialem Blicke zu lenken; denn diese läßt sich nicht mit den Mitteln einer virtuosen Diplomatie beherrschen.

Auch viele andere Fehler wurden gemacht. Im Unterricht sorgte man mehr und mehr für die Verstandesbildung, während die eigentliche Erziehung des Charakters und der sittlichen Wesenheit unterblieb, als hätte Pestalozzi vergebens gelebt. An Stelle der Erziehung trat in den Schulen eine ungesunde Entwickelung des Ehrgeizes und eine Förderung der Schadenfreude, die bei der ganzen Art der Züchtigung und den demütigenden Strafmitteln unvermeidlich war.

Ein flacher Materialismus glaubte, mit dem vorhandenen religiösen Gefühl aufräumen zu dürfen; mit dem Aberglauben wurde auch der Glaube zerstört, die kirchlichen Übungen mit Hohn behandelt und die Meinung verbreitet, daß derjenige, der den leeren Unglauben lehre, den Höhepunkt geistiger Entwickelung erreicht habe.

Aber auch gegen den Alkoholismus wußte man kaum etwas vorzukehren. Dieser ist der größte Feind der Menschheit, er ist des Verbrechertums mächtigstes Förderungsmittel, welches allerdings nicht der Kultur eigen ist, sondern sich auch schon zuzeiten der Vorkultur die Menschheit unterjocht hat. Hier hat man jahrzehntelang eigentlich die Hände in den Schoß gelegt. Das Wirtschaftswesen ließ man aufkeimen, aber für alkoholfreie Getränke sorgte man nicht. Man gestattete, daß die Wirtschaften immer noch den Weinzwang aufrecht erhielten und damit den Menschen den Genuß der geistigen Getränke geradezu aufdrängten. Man wußte, daß der Mensch, namentlich auch der familienlose, gesellschaftlich leben müsse; aber niemand sorgte für echte Klublokale: man trieb dadurch den Menschen in die Schenke, und hier gedieh anstatt der gesellschaftlichen Bildung das Schlemmen und Zechen; und den Trieb nach Vereinsentwickelung, anstatt ihn möglichst zu fördern, pflegte man durch außerordentliche polizeiliche Beschränkung des Gesellschaftswesens zurückzudämmen, und doch ist gerade das Vereinswesen einer der mächtigsten Zügel der Menschheit, ein außerordentliches Zuchtmittel gegenüber dem ungesunden Eigentriebe des einzelnen und eine Pflanzstätte für das Aufkeimen des Verantwortlichkeitsgefühls. Die Frau drängte man von den Stellungen geistiger Arbeit zurück, und doch ist der Verbrechertrieb der Frauen viel geringer als der der Männer, und der Zugang der Frauen zu den früher den Männern vorbehaltenen Stellungen ist von selbst ein Mittel, die Roheit zu mindern und die gewalttätigen Triebe zu Grabe zu tragen. Was endlich die unentbehrliche Prostitution betrifft, so hat man nichts getan, um die Schäden zu heilen, sondern im Gegenteil: man hörte auf, die Prostitution zu verörtlichen; dadurch verbreitete sie sich von Straße zu Straße und durchseuchte die Gesellschaft; und mit dieser Vereinzelung der Prostitution war einer der schlimmsten Ausläufer unserer heutigen Entwickelung, das Zuhältertum, untrennbar verbunden, da ohne Zuhälter eine Prostituierte ihr Gewerbe eben einfach nicht betreiben kann. Das Zuhältertum ist aber eine der größten Geißeln unserer heutigen Zeit, und die Zuhälter sind eine der schlimmsten Sorten des lichtscheuen Gesindels unserer Tage, ein Gezücht berufsmäßiger Parasiten, geradezu angelegt zum Müßiggang, zur Arbeitsscheu, Trunksucht und zum Verbrechertum aller Art. Einzelne Bestrebungen helfen hier nichts, Einzelbestrafungen von Zuhältern sind gesellschaftlich unwirksam: man muß das Übel an der Wurzel fassen. Bei allen diesen Umständen wundert man sich über die Steigerung des Verbrechertums: die Entwickelung der Kultur in Verbindung mit den furchtbaren Fehlern unserer Vorfahren geben dafür die genügende Erläuterung.

6. Verbrechertypen.

§ 23.

Das Verbrechen ist eine antisoziale Betätigung des Menschen, welche ihre individuelle Wesenheit beweist kraft der Sonderheit des Einzelmenschen; auf der anderen Seite aber lassen sich, da die Art der Einzelwesen stets Ähnlichkeiten aufweist (Ähnlichkeiten in ihrer Lebensweise, in ihren Zielen und in der Äußerung ihres Gefühls- und Willenslebens), gewisse Typen aufweisen, die sich verschieden gliedern lassen je nach der Art der wissenschaftlichen Auffassung und je nach dem System der Beobachtung.

Der wichtigste Typengegensatz wird einerseits gebildet durch die Verbrecher mit sozialer Basis, also mit einem Gefühle für die Allgemeinheit und ihre Erfordernisse, also durch die Verbrecher mit einem Gewissen, über dessen Anforderungen sie sich im einzelnen Falle hinaussetzen: ihr Unheil besteht darin, daß sie von ihren Bestrebungen so sehr hingerissen werden, daß die Stimme des Gewissens übertönt wird und sie trotz ihrer sozialen Natur zu antisozialem Handeln gelangen. Diese Verbrecher sind Leidenschaftsverbrecher zu nennen; die Leidenschaft ist eben jene lebhafte Erregung, welche die Stimme des Gewissens und damit ihre soziale Natur übertäubt. Im Gegensatz dazu stehen diejenigen Verbrecher, welchen diese moralische Seite ganz fehlt, welche, völlig gewissenlos, die Regungen des sozialen Daseins nicht empfinden. Man hat dies moral insanity genannt — ein unzutreffender Ausdruck, denn er deutet auf Geistesstörung hin, während hier in der Tat keine geistige Trübung, sondern lediglich der Mangel des sozialen Sinnes vorliegt: dies ist allerdings ein Mangel in der regelmäßigen Gestaltung der Seele, aber ein Mangel, welcher die logische Tätigkeit des Verstandes ebensowenig trübt wie die normale Wirksamkeit der vorhandenen Gefühle. Auch der Ausdruck: moralischer Schwachsinn ist nicht zutreffend, denn es handelt sich hier vielfach um höchst begabte Naturen, während der Ausdruck dahin zu deuten scheint, daß ihr Sinn überhaupt schwach sei und der moralische Mangel in einer mangelhaften Entwickelung der geistigen Kräfte wurzele. Das ist verfehlt und führt in der Betrachtung auf Abwege.

Ich halte den Ausdruck gewissenlose Verbrecher für den zutreffendsten und sehe ihre Eigenart eben in dem Mangel der sozialen Natur ihres Wesens, in dem völligen Egozentrischen ihrer ganzen Denk- und Anschauungsweise.

Die politischen Verbrecher bilden nach gewisser Richtung hin eine besondere Gattung. Allein sie stehen nicht außerhalb, sondern innerhalb dieser zwei Gruppen. Der politische Verbrecher kann und wird gewöhnlich ein Leidenschaftsverbrecher sein, nur daß die Leidenschaft hier keine egoistische, sondern eine altruistische ist und die Hingabe an den einen Zweck alle anderen Bestrebungen überwindet. Auf der anderen Seite ist auch Gewissenlosigkeit nicht ausgeschlossen, denn die Gewissenlosigkeit verträgt sich mit einem großen Grade von Altruismus insofern, als solche Fremdbestrebungen, welche das Wesen des Täters erfüllen, an Stelle der eigensüchtigen Bestrebungen treten.

§ 24.

Auch der heroische Verbrecher gehört in eine dieser Gruppen, denn, wenn der Übermensch in gewissem Sinne jenseits von Gut und Böse steht, so ist dies nur deshalb der Fall, weil er von einzigartiger geschichtlicher Bedeutung ist und dadurch aus dem Rahmen der menschlichen Gesellschaft heraustritt. Aber auch der Übermensch ist eine Menschennatur, und seine Verbrecherhaftigkeit liegt innerhalb der Sphäre menschlicher Leidenschaftlichkeit oder menschlicher Gewissenlosigkeit. Daher ist es Sache der Geschichte, auch die leitenden Persönlichkeiten nach dieser Richtung zu betrachten, wenn auch ihre Wertschätzung eine geschichtliche, keine sozialjuristische ist. Und ebenso sind die dichterischen Gestalten psychologisch zu fassen und in ihrer Eigenart darzulegen, denn der wäre ein schlechter Dichter, welcher die Heroen als Nichtmenschen darstellen würde und ihnen keine echte Seele gäbe. Eine unumgängliche Stufe der dichterischen Betrachtung ist daher die Betrachtung nach der von unserer Forschung gegebenen Seelenlehre.

§ 25.

Unter den Verbrechertypen ist *eine* Art besonders hervorzuheben: die Schar derjenigen, die, aus der menschlichen Gesellschaft ausgeschieden, keine ersprießliche Tätigkeit betreiben, sondern sich lediglich dem Verbrechen widmen. Es sind dies die *reinen Verbrecher*, also diejenigen, bei denen das Verbrechen nicht neben der regelmäßigen Tätigkeit einhergeht, sondern die ausschließliche oder wenigstens hauptsächliche Beschäftigungsform bildet.

Solche Verbrecher hat es zu allen Zeiten gegeben, sobald Menschen aus der Gesellschaft ausgewiesen und in die Einöde verstoßen wurden.

Es ist eine deutschrechtliche Einrichtung, daß man Verbrecher in den Wald, in die Unkultur drängt: sie wurden zu Waldgängern, sie waren Gebannte, sie wurden zu Banditen. Denn da ein solcher Mensch doch leben mußte, und da man ihm jeden Verkehr abschnitt, so konnte er sich auf nur verkehrswidrige Weise seinen Unterhalt verschaffen. Mit diesem Ausgestoßenen verbündeten sich andere: es entstanden die Wegelagerer, die Maffia Siziliens, die Kamorra Neapels, oder wie es die Carolina nennt, es entstand die Rotte derer, „so böslich austreten".

Solche reinen Verbrecher finden sich auch bei uns; allerdings nicht mehr in den Wäldern, sondern in den Schlupfwinkeln unserer Großstädte. Es ist das Gewerbe der Nachtschwärmer und Nachtfrevler, die in den Höhlungen der die Stadt umgebenden Wildnis oder in den Kellern ihre Pläne aushecken und von da die Menschheit brandschatzen; es sind dies jene Industrieritter, die sich unter bestimmte Arbeitszweige verteilen und in einzelnen Verbrechergewerben eine Virtuosität ohnegleichen erwerben und insbesondere die Bestrebungen der Polizei zuschanden zu machen wissen, trotz ihrer ungeheuren Dreistigkeit und schamlosen Frechheit; es sind dies die Hochstapler, die von Ost nach West das Abendland durchstreifen, überall als gewiegte Gentlemen auftreten und die höchsten Schwindeleien ausführen; es sind dies die Landstreicher und Tagediebe, die das Betteln als Vorwand gebrauchen, um in die fremden Taschen zu greifen und die fremden Wohnungen zu bestehlen, die bald auftauchen, bald wieder verschwinden; es sind dies die Rowdies, die Apachen, welche hauen, morden und plündern. Sie bilden Banden und wirken zusammen. Oft sind sie mit Erpressungen zufrieden, indem man ihnen nachgibt, um Schlimmes zu vermeiden; dann verschwinden sie wieder, um anderwärts aufzutauchen, bald gesammelt, bald vereinzelt, so daß keine Polizei ihnen beikommen kann.

Der Unterschied zwischen reinen und gemischten Verbrechern fällt nicht mit dem der gewerblichen und Gelegenheitsverbrecher zusammen, denn viele Gewerbtreibende sind zugleich gewerbliche Verbrecher, wie z. B. Gastwirte, welche die Strolche beherbergen und ihrer „Name" (d. h. ihrer Beute) Unterschlupf gewähren. Andererseits werden die reinen Verbrecher nicht selten auch zu Gelegenheitsverbrechern, indem sie über ihr ursprüngliches Arbeitsgebiet hinausgreifend bald eine Notzucht, bald einen Raubanfall begehen.

Auch fällt der Unterschied nicht zusammen mit dem zwischen Leidenschaftsverbrechen und gewissenlosen Verbrechen. Allerdings werden die reinen Verbrecher meist der letzteren Art angehören, aber es gibt genug gemischte Verbrecher, die als völlig gewissenlos bezeichnet werden müssen.

Die Gewissenlosigkeit (moral insanity) befreit im allgemeinen nicht von der Verantwortung, vorausgesetzt, daß weder eine Verstandesstörung vorliegt, noch auch der Trieb mit solcher Heftigkeit nach einer Richtung gelenkt ist, daß für die freie Wahl keine Stätte bleibt; nur dann läßt sich ein Ausschluß der Strafbarkeit rechtfertigen, wenn die Abwesenheit des moralischen Sinnes im einzelnen Falle die Überlegung trübt und etwas als erlaubt erscheinen läßt, was verboten ist und was ein jeder normale Mensch als verboten erachtet. Es gibt im Leben viele schwierige Konjunkturen, bei welchen die Überlegung kaum zur richtigen Entscheidung über die Erlaubtheit und Nichterlaubtheit gelangt, so daß ein gewisses inneres Gefühl (der unbewußte Sinn) mit seinen feinen Empfindungsfasern uns zustatten kommen muß. Es ist dies ebenso, wie auch der feinste Kontrapunktist mitunter sein Gehör zu Hilfe nehmen muß, um zu prüfen, ob eine Dissonanz noch musikalisch möglich ist oder nicht. Versagt in solchem Falle die Verstandesprüfung, so wird man den Irrtum dann für einen schuldausschließenden erachten, wenn die Beihilfe des inneren Sinnes fehlt. Dies kann z. B. bei der Tötung eines Einwilligenden in Betracht kommen, wo möglicherweise eine Straflosigkeit gerechtfertigt ist, wenn der Täter, dem das moralische Gefühl fehlte, von seiner Überlegung dahin geleitet wurde, daß er die Tötung als durch die Einwilligung gedeckt erachtete; was ja um so begreiflicher ist, als es auch wissenschaftlich nicht an Stimmen fehlt, welche in solchen Fällen die Tat als berechtigt erscheinen lassen möchten.

Abgesehen hiervon ist der Täter verantwortlich. Einen Cesare Borgia, einen Edmund im König Lear wird niemand als verantwortungslos gelten lassen, obgleich es sicher ist, daß sie kaum je den Hauch eines moralischen Empfindens verspürten und das Gewissen ihnen versagt blieb; wie es überhaupt eine Eigenart der Renaissancenaturen war, daß sie ohne moralische Skrupel zu Werke gingen. Auch ist nicht etwa dieser Mangel an sich ein mildernder Umstand: ein solcher kann nur in den Lebensverhältnissen liegen, welche es verhindert haben, daß bei einem solchen moralisch Minderwertigen überhaupt das sittliche Pflichtgebot zur Geltung kam, sofern er ohne Erziehung und in schlechter Umgebung aufgewachsen ist; lebte er aber in gewöhnlichen Verhältnissen, so daß die Bedeutung des Pflichtgebotes und sein Einfluß auf die Menschheit ihm klar wurde, so war es um so dringender seine Sache, sich dahin zu entwickeln, daß er sich von allem Unmoralischen zurückhielt, daß er also eine Art künstlicher Zurückhaltung anstrebte; ganz ähnlich wie derjenige, der dazu neigt, durch ungeschickte Bewegungen andere zu gefährden, sich ein langsames und bedächtiges Handeln anzugewöhnen hat, und wie derjenige, dem ein unsicherer Tritt eigen ist, ein vorsichtiges Gehen annehmen, oder derjenige, der sinnlich angelegt ist, diese Sinnlichkeit bezähmen muß.

Der einzige Einwand wäre der: wie soll, wer ohne moralisches Bewußtsein ist, in sich die Kraft fühlen, dem Pflichtgebot Eingang zu verschaffen? Hiergegen ist aber zu bemerken: die Kenntnis des Pflichtgebots ist Sache des Verstandes; auch ein moralisch Empfindender wird vielleicht manche Lücke haben, wo sein moralisches Bewußtsein versagt, aber trotzdem muß er auch hier das Pflichtgebot berücksichtigen, denn er muß wissen, daß er *ein Mitglied der menschlichen Gesellschaft ist, die nur bestehen kann, wenn und soweit gewisse Lebensregeln allgemein beobachtet werden.*

III. Probleme des Strafprozesses.

1. Allgemeines.

§ 26.

Nicht das ist die Hauptsache, daß neue Gesetze erscheinen, sondern daß ein ganz neuer Geist in die Anwendung des Gesetzes kommt, insbesondere in die Art und Weise, wie der Strafprozeß gehandhabt wird, um seiner hohen, ja höchsten Aufgabe zu entsprechen.

Der Strafprozeß des gemeinen Rechts hat sich bei den Italienern entwickelt und ist von da nach Deutschland gekommen und namentlich unter dem Einfluß des berühmten großartigen Gesetzes Karls V., der sogenannten Carolina vom Jahre 1532, in ganz Deutschland heimisch geworden; er hat durch jahrhundertelange Anwendung die Rechtswelt so sehr beherrscht, daß noch jetzt die Vorstellungen, welche ihm zugrunde lagen, nicht ausgerottet sind. Allerdings vor 30 bis 40 Jahren, als wir den Strafprozeß studierten, stand in den Lehrbüchern, daß das alte Verfahren aufzugeben sei und das Licht, das von England kommt, unseren Strafprozeß beleuchten müsse. Ganz erfüllt von diesen Vorstellungen traten wir in die Rechtsübung; aber hier sahen wir zu unserem Erstaunen, daß die alten Bräuche noch ebenso herrschten, wie wenn niemand das englische Verfahren kennen gelernt hätte.

Die Carolina geht davon aus, daß jemand nur verurteilt werden könne entweder auf übereinstimmende Aussage zweier Zeugen, welche die Tat selbst gesehen haben, oder auf das Geständnis des Angeklagten hin. Der erste Fall ist ziemlich selten: denn welcher Verbrecher sucht nicht Finsternis und menschenleeren Raum? So blieb also nur das Geständnis, und daher galt es als Hauptaufgabe des Gerichts, ein Geständnis zu erzielen; denn wenn man auch noch so sehr durch Indizien und Anzeichen von der Tat überzeugt war, so konnte man ohne Geständnis nicht verurteilen. Darum verfolgte man zunächst das Bestreben, die leugnende Aussage des Beschuldigten vor ihm selbst zu beleuchten, ihre Unhaltbarkeit darzutun, ihre falschen Folgerungen aufzuweisen, und so den Angeklagten von Stufe zu Stufe zu drängen, bis er an die Wand gepreßt war, bis er gestand und sich schließlich selbst der Todesstrafe unterwarf.

Natürlich auch das versagte vielfach, und daher benutzte man ein anderes Institut, das aus dem römischen Rechte in das italienische Rechtsleben übergegangen war: es war das furchtbare Institut der Folter. Der Angeklagte, von dessen Schuld man ziemlich überzeugt war, wurde so lange gemartert, bis er gestand: und wenn er auch nicht gestand, so war er durch die Folterqualen so verstümmelt und mißhandelt, daß er seine Strafe bereits hatte, wenn er auch am Leben verblieb. Wir wollen zur Schonung annehmen, daß wenigstens früher der Sachverhalt in den meisten Fällen, in welchen man folterte, so gestaltet war, daß wir den Angeklagten verurteilt hätten, so daß die Folter nicht so sinnlos ist, wie man vielfach glaubt; und die Carolina mahnt sehr eindringlich, daß man sich ihrer nur bedienen soll, wenn gegen den Bezichtigten genügende Indizien, „Anzeichen", vorhanden seien.

Etwas Besonderes allerdings galt in einem Verfahren, das einen ewigen Schandfleck der Menschheit bildet, im Verfahren der Hexenprozesse, in denen sich Aberglaube, düsterer Wahn, Grausamkeit, feindselige Nachstellung und finstere Wollust paarten, in denen man es mit den „Anzeichen" gar nicht genau nahm: denn irgendwelche Eigentümlichkeit und Besonderheit galt als genügendes Indiz für die Verfolgung. Doch hier hat sich das ganze System ausgelebt: es hat sich in seiner Grausamkeit und Unhaltbarkeit gezeigt, und erschöpft lag die Menschheit darnieder, gepeinigt von dem Juristenwahn, der aber so sehr in das Volk eingedrungen war, daß die Einsichtigsten Mühe genug hatten, ihr die trübseligen Einbildungen auszutreiben.

Die Folter aber blieb noch bis gegen Ende des 18. Jahrhunderts, wo sie schließlich unter dem Machtspruch erlauchter Herrscher zu Grabe getragen wurde; denn die Juristen sowohl wie das Volk waren diesem Zwangsmittel durchaus nicht abgeneigt: viele glaubten die Götterdämmerung des Rechts zu erleben und der Verbrecherwelt preisgegeben zu sein, wenn man die Folter aufhöbe. Sie wurde aufgehoben, aber lange noch blieb das System übrig, den Angeschuldigten in den Netzen seiner eigenen Aussage zu fassen: man legte ihm einen Hinterhalt, aus dem er nicht herauskam; man machte ihn mürbe durch lange Untersuchungshaft; man versprach ihm bessere Behandlung, wenn er die Schuld gestehe; man gab ihm einen Gefährten, der als Aushorcher dienen mußte, horchte selber an der Wand, suchte durch Überraschungen und plötzliche Gefühlserregungen auf ihn zu wirken; ja man verschmähte das Heiligste nicht, um ihm das Geständnis gleichsam abzudrängen. Es sind schon viele Jahre her, als in meiner Heimat alles erfüllt war von einem wüsten Mordfalle. Zwei Strolche hatten in der Nähe des Renchbades Antogast einen Kaufmann totgeschlagen, weil er mit seiner goldenen Kette ihre Begehrlichkeit gereizt hatte. Kurze Zeit darauf tauchte die Nachricht auf, daß der eine in Straßburg gefaßt sei, denn er besaß die Brieftasche mit dem Namen des Ermordeten. Das war ein genügendes Anzeichen, um durch weitere Verfolgung der Spur die Täter zu überweisen; allein das genügte nicht: der Untersuchungsrichter wollte ein Geständnis. Er suchte hin und her, wie er auf das Gemüt des Verhafteten wirken könne, und ermittelte endlich, daß er eine Mutter habe, an der er mit einer gewissen Innigkeit hing, da er in aller Verdorbenheit immer noch ein Teil besserer Menschlichkeit in sich trug. Hier hakte der Untersuchungsrichter ein, und er nahm dabei noch ein Mittel zur Hilfe, dessen er sich auch sonst mit großer Vorliebe bediente: denn wenn es 12 Uhr läutete — und das hörte man im Gefängnisse sehr deutlich — kamen oft menschliche Rührungen über die Verbrecher. Beides benutzte er zu einem Sturmangriff auf das Gemüt des Unglücklichen: kurz vor 12 Uhr fand er sich im Gefängnis ein, sprach mit dem Angeschuldigten von seiner Jugend und von allem Guten und Schönen, und als die helle Glocke ertönte, fiel er plötzlich wie weinend zusammen mit den Worten: „O arme Mutter!" Das konnte der Verbrecher nicht mehr überwinden und er gestand.

Daß heutzutage noch so grasse Einwirkungen auf die Persönlichkeit stattfinden, glaube ich nicht. Jedenfalls zeigt sich hier in ihrer vollen Offenheit jene Methode der Untersuchung, welche kein Mittel verschmähte, welche selbst die heiligsten Gefühle im Angeschuldigten aufrührte, nur um ihn zu fangen und ein Geständnis zu erzielen.

Dieses ganze System verstößt gegen jedes Menschenrecht; denn der erste Grundsatz für jeden, der die menschliche Persönlichkeit anerkennt, ist der, daß niemand gehalten ist, sich selbst anzuklagen und niemand gegen seinen Willen als Werkzeug wider sich selbst gebraucht werden soll. Man ist berechtigt, sich aller Mittel zu bedienen, um der Wahrheit auf den Grund zu kommen, soweit dieses innerhalb des Kreises der Menschlichkeit und derjenigen Achtung ist, die man einem jeden Menschenantlitz schuldet; man ist aber nicht berechtigt, den Menschen wie eine willenlose Sache zu behandeln und gegen seinen Willen sein Inneres nach außen zu kehren.

Dieser Satz ist der leuchtende Grundsatz des englischen Rechtes, und von England kam die Reform unseres Strafprozesses. Es gab in England eine Folter in unserem Sinne nicht, wenigstens nicht als gesetzliches Mittel, höchstens mißbräuchlich; nur insofern zwang man den Angeschuldigten, als man von ihm verlangte, daß er sich der Jury unterwerfe: hier verschmähte man auch eine Hungerhaft nicht; im übrigen aber bediente man sich eines anderen Mittels: wie man früher jemanden verurteilt hatte auf Grund der ausgesprochenen Meinung der Ortsgenossen, so verurteilten ihn jetzt die Geschworenen auf Grund der Indizien. Daher denkt man in England nicht daran, den Angeklagten zu umgarnen und zum Zeugnis gegen sich selbst zu benutzen, und wenn man ihn verhört, so verhört man ihn zu dem Zwecke, damit er sich verteidige. Von diesem Gedanken ist auch unsere Strafprozeßordnung erfüllt, denn im § 136 heißt es:

„Bei Beginn der ersten Vernehmung ist dem Beschuldigten zu eröffnen, welche strafbare Handlung ihm zur Last gelegt wird. Der Beschuldigte ist zu befragen, ob er etwas auf die Beschuldigung erwidern wolle."

„Die Vernehmung soll dem Beschuldigten Gelegenheit zur Beseitigung der gegen ihn vorliegenden Verdachtsgründe und zur Geltendmachung der zu seinen Gunsten sprechenden Tatsachen geben."

„Bei der ersten Vernehmung des Beschuldigten ist zugleich auf die Ermittelung seiner persönlichen Verhältnisse Bedacht zu nehmen."

Dies wird aber vielfach außer acht gelassen, und nicht selten benutzt der Untersuchungsrichter wie der Vorsitzende des Gerichts das Verhör zu dem Zwecke, um den Verfolgten in seinen Erklärungen zu fassen und „ad absurdum“ zu führen. Man hält ihm mehr und mehr das Widerspruchsvolle seiner Aussage vor; anstatt ihm einzuschärfen, daß er sich verteidige und die richtigen Verteidigungsmittel wähle, zielt man mehr und mehr dahin, ihn in seinen Gegensätzen zu überführen und auf solche Weise zum Geständnis zu bringen. Das Richtige ist vielmehr, daß man dem Angeklagten oder Angeschuldigten einfach Gelegenheit gibt, sich zu erklären, um sich zu verteidigen, wenn er es will und wie er es will; und erscheinen seine Aussagen nicht als glaubwürdig, so hat ihn der Richter einfach sich selbst zu überlassen, und es ist nicht seine Sache, ihn durch ständige Kreuz- und Querfragen dahin zu bringen, daß er gleichsam anstandshalber gestehen muß; als handle es sich um einen geistigen Ringkampf, in welchem der eine von beiden unterliegen müsse; als handle es sich um eine besondere Kunst, den Angeklagten durch dialektische Waffen zu überwältigen!

Wie der Richter der Carolina auf Grund der Indizien von der Schuld überzeugt war und doch noch ein Geständnis erzielen wollte, so kommt es auch heutzutage noch vor, daß ein Richter mit der festen Meinung den Richterstuhl betritt, daß er einen Schuldigen vor sich habe, der nur aus bösem Willen und Verstocktheit noch leugne. Das hängt nun allerdings zusammen mit unserer Voruntersuchung und damit, daß man auf Grund der Voruntersuchung einen Eröffnungsbeschluß erläßt und darin den Angeschuldigten als verdächtig erklärt. Solches ist eine zweischneidige Sache; denn verdächtig ist schon halb schuldig, und mancher Richter beginnt auf Grund dessen die Verhandlung mit der stillen Überzeugung, daß ein Schuldiger vor ihm stehe, den man nun unter allen Umständen der Gerechtigkeit überantworten müsse, als ob es eine gewisse Verfehlung und ein Manko seiner Tätigkeit wäre, wenn er für unschuldig erklärt würde. Das ist vollkommen gegen den Geist unseres Verfahrens. Vor dem Urteil ist ein jeder zwar nicht objektiv ein Unschuldiger, aber einer, der das Recht hat, daß man ihn als Unschuldigen behandle, bis seine Überführung vollendet und sein Urteil gesprochen ist. Die erste Aufgabe der Reform des Strafprozesses wird es sein, die ganze Voruntersuchung und den Eröffnungsbeschluß aufzuheben; erst dann kann unser Strafverfahren von Grund aus umgestaltet werden.

Zu den gröbsten Fehlern unseres Strafverfahrens gehört außerdem die hilflose Stellung, die man dem Angeschuldigten in der Voruntersuchung bereitet. Das Notwendigste wäre, daß, wenn auch nicht er selbst, so doch sein Verteidiger in alle Schritte der Voruntersuchung eingeweiht würde; und ist er gar verhaftet, so muß ihm der unbedingte Verkehr mit dem Verteidiger gestattet werden, um für seine Rechtfertigung zu sorgen: denn wenn man mit allen Mitteln ihm zu Leibe geht, so muß ihm auch die volle Möglichkeit offenstehen, durch Aufklärung der Sache für seine Interessen tätig zu sein und dahin zu wirken, daß nicht ein ungerechtes Ergebnis zu seinen Ungunsten entstehe: handelt es sich doch um Freiheit, Ehre und Leben! Allerdings sind Richter und Staatsanwalt verpflichtet, auch die zugunsten des Beschuldigten und Angeschuldigten sprechenden Umstände zu berücksichtigen; aber mit dem besten Willen wird keiner von beiden diesen verschiedenfachen Aufgaben zugleich gerecht werden können, und der Gedanke, daß man einen Übeltäter vor sich habe, den man in seine letzten Schlupfwinkel verfolgen müsse, hakt sich in ihnen unwillkürlich so fest ein, daß eine aufklärende Verteidigungstätigkeit unbedingt notwendig ist. Das wußten schon unsere Vorfahren, und in der viel verlästerten Carolina aus Karls V. Zeiten findet sich ein Artikel 14 und ein Artikel 73, worin ausdrücklich erklärt wird, daß dem Verhafteten der Verkehr mit der Außenwelt, namentlich mit Beiständen, gestattet sein solle. Gerade hier haben wir bedeutende Rückschritte gemacht. In unserer Strafprozeßordnung § 147 findet sich die Bestimmung, daß dem Verteidiger vor Schluß der Voruntersuchung die Einsicht der Untersuchungsakten nur gewährt werden soll, soweit dies „ohne Gefährdung des Untersuchungszweckes geschehen kann", d. h. nach dem freien Ermessen des Untersuchungsrichters, und so kommt es, daß ein Angeschuldigter Wochen, Monate, ja ein Jahr lang verhaftet sein kann, ohne daß der Verteidiger sich erfolgreich um sein Schicksal zu bemühen vermag. Da war die Carolina vor fast vier Jahrhunderten vorgeschrittener. Sodann sollte ihm doch der freie Verkehr mit dem Verteidiger offenstehen; aber nein: während der Voruntersuchung kann der Untersuchungsrichter dem Verhafteten den schriftlichen Verkehr mit dem Verteidiger abschneiden, wenn ihm die Briefe nicht zur Einsicht vorgewiesen werden; ja noch mehr, nicht einmal der freie mündliche Verkehr ist ihnen gestattet, sondern es kann angeordnet werden, daß der Unterredung eine Gerichtsperson beiwohnen müsse! So steht es in § 148 der Strafprozeßordnung. Wie soll hier der Angeschuldigte für Verteidigung sorgen? Und diese Sorge ist doch hauptsächlich in der ersten Zeit bedeutsam, bevor alles zerstiebt und alle Spuren dafür und dawider verschwunden sind! Ist es richtig, daß man einen Menschen gefangen setzt, alle Mittel der Untersuchung gegen ihn anwendet, ihm aber zugleich die Möglichkeit nimmt, für seine Verteidigung tätig zu sein? Etwa wenn er Notwehr beweisen will, oder wenn er dartun will, daß der ihm zur Last gelegte Betrug den Dritten nicht geschädigt hat, oder daß eine schlimme Personenverwechselung vorliege? Wenn man übrigens die beiden Paragraphen betrachtet, so ergibt sich sofort, daß ein derartiges Zurückdrängen der Verteidigung durchaus nicht unbedingte Vorschrift, daß es vielmehr in das richterliche Ermessen gestellt ist. Da sollte man nun doch heutzutage so weit vorgeschritten sein, daß man von derartigen veralteten Hilfsmitteln nur dann Gebrauch machte, wenn es absolut erforderlich ist, namentlich wenn starke Verdachtsgründe gegen die Verteidigung vorliegen. Fürwahr, unsere Rechtsanwaltschaft ist nicht so geartet, daß man von ihr befürchten müßte, daß die Verteidiger die Verbrecher durch geheime Hilfsmittel begünstigten und ihrer Strafe entzögen! Unsere Rechtsanwaltschaft hat gewiß das Gerechtigkeitsgefühl in sich, ebenso wie die Staatsanwaltschaft und der Richterstand; und was vollends die Bestimmung betrifft, daß der Angeschuldigte mit dem Verteidiger nicht mündlich verkehren darf ohne Anwesenheit eines Beamten, so ist sie ausdrücklich nur für den Fall verordnet, daß die Verhaftung zugleich wegen Kollusionsverdachtes stattfindet.

Die ganze Kollusionshaft ist nun eine höchst zweifelhafte Einrichtung: man will durch Verhaftung dem Angeschuldigten unmöglich machen, die Spuren der Tat zu vertilgen und die Zeugen zum Meineid zu verleiten. Ob eine solche Verhaftung sachgemäß ist, soll hier dahingestellt bleiben; aber jedenfalls hat der Untersuchungsrichter genügende Mittel, in möglichst kurzer Zeit die Sache so weit zu fördern, daß der Angeschuldigte nicht mehr erfolgreich das Ergebnis der Untersuchung beeinträchtigen kann. In ein bis zwei Wochen muß die Angelegenheit so weit gediehen sein, wenn auch die Voruntersuchung weitergeht. Sind denn die Angeschuldigten in der Regel Leute, welche Dritte zu Meineiden verleiten möchten? Sind denn die Zeugen Tröpfe, die sich ohne weiteres zu Falscheiden verführen lassen? Daß gar sechs, sieben Monate dem Angeschuldigten der mündliche Verkehr mit dem Verteidiger auf solche Weise unterbunden wird, entspricht meines Erachtens auch nicht einmal dem Wortlaute des § 148.

Daß die Strafprozeßordnung geändert wird, ist wohl ein Bedürfnis. Ein größeres Bedürfnis aber ist es, daß sie im Geiste der Neuzeit gehandhabt wird und daß einem jeden Jünger der Rechtswissenschaft die zwei Sätze eingeprägt werden: Niemand ist gehalten, sich selber zu beschuldigen, und die Verteidigung ist ebenso heilig wie

Anklage und Untersuchung. Wird dies gewahrt, dann kann man auch noch eine Zeitlang mit unserer heutigen Strafprozeßordnung auskommen; wird dies nicht gewahrt, so wird auch eine neue Strafprozeßordnung nicht leisten, was man von ihr erwartet.

2. Der Unschuldige.

§ 27.

Der Unschuldige, der in Untersuchungs- oder gar in Strafhaft gesessen, der alle die Drangsale des Strafprozesses mitgemacht hat, muß unsere volle Sympathie verdienen; und doch hat unser Recht ihn sehr im Stiche gelassen. Das erste wäre, daß er alle seine Kosten ersetzt bekommt, das zweite, daß ihm eine reichliche Entschädigung zuteil wird für alles, was er ausgestanden. Das sollte man für selbstverständlich halten. Aber nicht einmal für das erste ist bei uns genügend gesorgt.

Nach unserer Strafprozeßordnung § 499 sind dem freigesprochenen Angeschuldigten solche Kosten aufzuerlegen, welche er durch eine schuldbare Versäumnis verursacht hat. Schon dies klingt absonderlich; ist es eine schuldbare Säumnis, wenn er sich aus Scheu der Verfolgung zu entziehen suchte, wohl bewußt, welche Gefahr jede gerichtliche Verfolgung nach sich zieht?

Nun sagt der § 499 weiter: „Die dem Angeschuldigten erwachsenen notwendigen Auslagen können der Staatskasse auferlegt werden." Sie *können* auferlegt werden, es steht also immerhin im weiten Felde, ob es geschieht. Und in der Tat geschieht es gewöhnlich nicht! Der Grund, warum man diese Sprachform gewählt hat, ist, weil der Freigesprochene möglicherweise doch schuldig ist, weil die Freisprechung auf Verjährung beruhen kann usw. Aber der Freigesprochene ist, von Ausnahmefällen abgesehen, stets als unschuldig zu behandeln, soll die Freisprechung überhaupt ihre Wirkung üben; und wenn die Verjährung eingetreten ist, so hat der Strafprozeß zu schweigen und die dem Angeschuldigten erwachsenen Kosten sind zu unrecht erwachsen. Daher wären die notwendigen Kosten *stets* zu ersetzen. Und welche Kosten sind notwendig? Auch hier wird sehr viel gekargt: nicht einmal die Verteidigungskosten werden immer als notwendig vergütet. Man setzt dem Laien durch einen rechtskundigen Ankläger zu, und man hält es für unnötig, daß er sich einen rechtskundigen Verteidiger nimmt!

Noch größere Schwierigkeiten hat es gemacht, eine Entschädigung des unschuldig Verhafteten zu erzielen, und doch hat schon die vielgeschmähte Carolina von 1532, allerdings im Fall der Privatanklage, bestimmt, daß dem unschuldig Verhafteten S ch m a ch und S ch ä d e n vollkommen ersetzt werden müssen.

Hiergegen hat man geltend gemacht, daß der Verhaftete an sich keinen Rechtsanspruch auf Entschädigung habe, daß die Zuerkennung eines Schadenersatzes nur eine Guttat des Staates sei und mithin der Unschuldige mit wenigem zufrieden sein müsse. Allein dies beruht auf einer völlig unrichtigen Vorstellung. Natürlich kann die Gesetzgebung dem Unschuldigen einen jeden Anspruch aberkennen oder ihn dürftig behandeln, womit dann die Frage für das praktische Recht erledigt ist; ob aber dies den Anforderungen der Gerechtigkeit entspricht, ist eine andere Frage, und diese Anforderungen der Gerechtigkeit haben ihre Bedeutung: eine Gesetzgebung, die ihnen nicht nachkommt, ist fehlerhaft, und mag sie auch mit sieben Siegeln bekräftigt sein.

Es ist ein merkwürdiges Zeichen des Kapitalismus der früheren Gesetzgebung, daß man sich gerade bei Wegnahme des Eigentums so außerordentlich empfindlich zeigte, und sonst nicht. Hätte man ein Gesetz gegeben, wonach dem einzelnen seine Habe ohne Entschädigung weggenommen werden könnte, so hätte man sich allgemein darüber aufgeregt, ja man hätte einen Staat, der dieses bestimmte, schwer gescholten. Aber für die Antastung der Persönlichkeit durch den Staat hatte man wenig Empfindung. Ungerechte Haft war eben ein Schicksal, ein Kismet des Unglücklichen, das er, wie jedes andere Unglück, auf sich nehmen müßte; war doch der Begriff des Persönlichkeitsrechts noch gar nicht weiter entwickelt, und hatte doch Windscheid, der damals als Orakel galt, das Persönlichkeitsrecht aus der Reihe der Rechte gestrichen; etwas, was uns heutzutage als ganz unfaßlich erscheint, denn wenn irgendein Recht heilig sein muß, so ist es das der Persönlichkeit. Blackstone hatte richtiger gedacht als Windscheid, aber Blackstone war eben für uns Kontinentalen nicht vorhanden.

Daß der Staat auch die Persönlichkeit im Strafprozeß antasten darf und daß er seiner schwierigen Aufgabe nur dann entsprechen kann, wenn es ihm gestattet ist, Personen, auf welche ein Verdacht fällt, in Haft zu nehmen, ist gewiß nicht zu bestreiten: kein Staat kann ohne die Befugnis, Festnahme und Untersuchungshaft zu verhängen, auskommen. Aber auch hier handelt es sich, wie bei der Enteignung, um einen Eingriff in die Lebensgüter einer Person im öffentlichen Interesse, und ebensowenig wie der einzelne sein Eigentum der Gesamtheit zu opfern hat, ebensowenig seine Freiheit; d. h. wie das Opfer des Eigentums, so muß das Opfer der Freiheit vergütet werden. Wenn man den Eigentümer entschädigt, dem man einen Rübenacker wegnimmt, so muß man noch mehr denjenigen entschädigen, dem man das unnennbar wichtige Gut der Freiheit entzieht. Der Grundgedanke ist in beiden Fällen derselbe: wenn auch der einzelne der Gesamtheit ein gewisses Opfer bringen muß, so hat er doch nur das Opfer eines Lebensgutes in concreto zu bringen; in abstracto aber muß das, was er auf diese Weise einbüßt, von der Gesamtheit übernommen werden, denn es wäre ungerecht, wenn die Gesamtheit, um deren Interesse es sich handelt, dieses Opfer auf dem einen lasten ließe; diese Übernahme in abstracto aber ist die Entschädigung.

Bei dem Opfer des Eigentums ergibt sich der Entschädigungsbegriff von selber; bei dem Opfer der Freiheit aber kommt zweierlei in Betracht: einmal der hierdurch herbeigeführte Vermögensschaden und sodann die leibliche und seelische Antastung des Verhafteten, das leibliche Unbehagen und die Seelenfolter, welche eintritt, wenn man einen Mann seinem Heim, seiner Familie, seiner Tätigkeit entzieht, und dies unter Belastung mit einem schweren Verdacht, der auch dem Unschuldigsten zum Verhängnis werden kann. Hier handelt es sich um eine Entschädigung für moralischen Schaden, um eine Entschädigung für die durch Einlieferung entstandene Schmach, wie sich die Carolina ausdrückt; es handelt sich um dasjenige, was man Schmerzensgeld nennt und was seit der Carolina in Deutschland anerkannt war, was auch im englischen, französischen, auch im schweizerischen Recht anerkannt ist, während das jetzige deutsche Recht damit sehr haushälterisch umgeht. Der Romanismus hatte hier zur schweren Schädigung unserer Rechtszustände geführt, und unser Bürgerliches Gesetzbuch gesteht im allgemeinen eine derartige Genugtuung nicht zu, macht aber glücklicherweise einige Ausnahmen, so insbesondere auch für den Fall, daß jemand durch widerrechtliche Gewalt seiner Freiheit beraubt worden ist. Mit dieser Bestimmung ist ein Ansatz gegeben, der weiterentwickelt und insbesondere auch auf unseren Fall erstreckt werden sollte; denn wenn irgend jemand den Notleidenden reichlich und in vollem Maße vergüten soll, so ist dies der allmächtige Staat, und wenn er durch die notwendigen Übergriffe seines Wirkens dem einzelnen ein objektives Unrecht zufügt, so soll er nicht knapp und zurückhaltend sein, sondern dem Unglücklichen mit vollen Händen geben.

Leider hat unsere Gesetzgebung ausdrücklich bestimmt, daß nur der Vermögensschaden vergütet werden solle und hiermit dem durch die Verhaftung Bedrängten in bezug auf alle jene Entschädigungsmomente den Rechtsschutz entzogen. Man hat offensichtlich den Enteignungsbegriff nicht richtig erfaßt und die ganze Entschädigung nur als eine Liebesgabe des Staates betrachtet, über welche die Gesetzgebung frei bestimmen könne, ohne mit den Erfordernissen der Gerechtigkeit zusammenzustoßen. Dies darf nicht bleiben: dem Unschuldigen muß sein Recht werden.

Man hat allerdings der Genugtuung für den seelischen Schaden die höhere Berechtigung abgestritten; man hat behauptet, daß Freiheit und Vermögen unvereinbare Dinge wären und nicht unter einen Nenner gebracht werden dürfen: eine wahre Genugtuung könne nur darin liegen, daß man den Bedrängten in Ehren und Würden einsetze, aber nicht darin, daß man ihm Geld und Gut gewähre. Und diese Erwägung hat man bis zu dem verkehrten Idealismus verzerrt, es sei eine gewisse Entwürdigung, mit Leib und Seele Handel zu treiben. Was nun das letztere betrifft, so ist dies eine unrichtige Anschauung: nicht ein Handel liegt vor, nicht ein freiwilliger Tausch, sondern die nachträgliche Aufhebung oder Milderung eines unzuträglichen Zustandes; und wenn man körperliche und seelische Leiden nicht völlig vergüten kann, so ist doch eine teilweise Vergütung besser als gar keine: die Vergütung soll mindestens eine Genugtuung sein. Die Genugtuung aber besteht darin, daß durch Zuwendung von Vermögen der Glückszustand einer Person gehoben wird; und daß jemand sich eine solche Genugtuung geben läßt, ist ebensowenig eine Entwürdigung, als wenn ein verdienter Mann, der für seine Nation Opfer an Mühe und Arbeit gebracht hat, eine Nationalbelohnung in Geld erhält. Wie überall die Vermögenszuwendung als eine Erhöhung der Lebensgüter betrachtet wird, so auch hier: die Genugtuung in Geld ist eben der Versuch, für den geminderten Glückszustand einen vermehrten Glückszustand herbeizuführen. Daß hierbei die Ausmessung mitunter schwierig sein mag, ist ja anzuerkennen; aber sie ist nicht schwieriger als die Ausmessung einer Strafe innerhalb des Strafrahmens, die das Gericht tagtäglich vornimmt.

Will man aber auch den Schadenersatz auf den Vermögensschaden beschränken, so muß der Vermögensschaden in vollem Maße vergütet werden. Man muß doch in Betracht ziehen, daß ein Unglücklicher, der auf solche Weise aus seinem ganzen Geschäftsleben herausgerissen worden ist, nicht etwa bloß den zeitweiligen Verlust zu beklagen hat, sondern daß es ihm schwer fällt, sein Geschäft wieder in den früheren Stand zu bringen und die unheilvollen Folgen der Stockung zu überwinden. Er wird regelmäßig einen großen Teil seiner Kundschaft einbüßen, vielfach von vorn anfangen, sich nach neuen Aufträgen umsehen müssen; er hat auch den Leuten begreiflich zu machen, daß es sich um einen Unglücksfall, nicht um eine Schuld handelt, daß er nicht der Mörder sei, für den man ihn hielt; und was es heißt, eine solche Mißstimmung zu beseitigen, das weiß jeder, der im Leben steht. Alles dies muß berücksichtigt werden; und wie bei jeder Entschädigung, muß man da, wo sichere Nachweise nicht zu erbringen sind, sich mit Wahrscheinlichkeiten begnügen.

Wie rückschrittlich unsere Praxis ist, zeigt ein Fall, wo man dem Untersuchungsgefangenen die Gefängniskost von der Entschädigung abgezogen hat, weil der Staat ihm diese Kost gereicht hat und ihn nicht verhungern ließ. Dies ist unrichtig. Wer dem Menschen seine eigene Beköstigung entzieht und ihm zwangsweise eine Kost verabreicht, kann es ihm nicht als Ersparnis ansetzen, daß man ihm den nötigen Unterhalt gab. Gefangenenkost ist nicht jedermanns Sache; eine Zwangskost ist nicht gleichwertig mit der Kost eines freien Mannes.

Auch hier muß man sagen: Zurück zum deutschen Recht! Denn wenn wir die Verirrungen früherer Zeiten verlassen haben, so dürfen wir doch nicht das Gute, das in den alten Gesetzen enthalten ist, einem unrichtigen Romanismus aufopfern, insbesondere, wenn es sich um dringende Erfordernisse des Rechts handelt. Am meisten aber muß man sich von einem verkehrten Idealismus fernhalten, der dem richtigen Idealismus am meisten im Wege steht.

3. Beweiserhebung und Seelenlehre.

§ 28.

Ganz besonders kommt die Seelenlehre bei Beurteilung der Angaben sowohl der Parteien als auch der Zeugen in Betracht, namentlich auch der letzteren. Die naive Vorstellung von der untrüglichen Richtigkeit unserer Beobachtung und unseres Erinnerungsbildes ist vollständig zerstört wurden. Man weiß jetzt, daß jede Beobachtung durch unzählige subjektive Elemente beeinflußt ist, daß wir unwillkürlich zu den Eindrücken, die auf uns einstürmen, neue Dinge hinzufügen, daß je nach unserer Stimmung gerade der eine oder andere Teil der Beobachtung uns so überwältigt, daß infolgedessen ein verzeichnetes und falsches Bild in unserem Innern steht, namentlich was die Entfernung betrifft, die Reihenfolge der Erlebnisse, die örtliche Richtung, die Klangfarben, die Dynamik. In allen diesen Beziehungen ist das Bild, das wir gewöhnlich empfangen, ein ungenaues, einzelpersönlich gefärbtes, und jeder Forscher, der feinere Beobachtungen zu machen hat, weiß, wie sehr er an sich halten muß, um ja im möglichen Einklang mit den Geschehnissen zu bleiben.

Diese Ungenauigkeit liegt zum guten Teil in der Unvollständigkeit. Die Forschungen in der neueren Seelenlehre zeigen, daß niemand einen Vorgang ganz in seinen Einzelheiten in sich aufnimmt, sondern der eine empfängt den einen Eindruck, der andere den anderen, wobei viel von der Stimmung abhängt und vor allem von dem Interesse, das man der Sache entgegenbringt; und so kommt es, daß vielleicht eine Einzelheit, die anderen ganz unwichtig ist, einem Beobachter fest in das Bewußtsein tritt. Diese Unvollständigkeit aber steht im Widerspruch mit dem seelischen Bedürfnis, ein vollständiges Bild, ein Phantasieganzes zu gewinnen, und die Folge ist, daß man unwillkürlich das eine oder das andere hinzufügt, und so wird das Vorstellungsbild verzerrt und das verzerrte Bild wird zum Gegenstand der Aussage werden.

Das kommt für den Zeugen in Betracht, kommt aber insbesondere in Betracht auch für den Parteieneid, namentlich wenn das Gericht auf Ergänzung der Aussage drängt; solches ist immer sehr gefährlich: der Zeuge oder die Partei wird dem Drucke unterliegen und unwillkürlich das Bild in der Vorstellung ergänzen, insbesondere wenn ihm noch gedroht wird, daß die unvollständige Aussage als falscher Eid erscheinen könnte.

Hier darf insbesondere der Automatismus des Tuns nicht übersehen werden. Vieles geschieht von uns einfach reflektorisch aus alter Gewohnheit, und mit Tausenden von Handlungen belasten wir unser Vorstellungsvermögen nicht, sondern wir vollziehen sie halb unbewußt in täglicher Übung, so daß kaum ein oder der andere Zug in den Dämmer des Bewußtseins tritt. Das schlimmste ist dabei, daß, wenn wir auch etwas tausendfach reflektorisch tun, wir doch ein oder das andere Mal gleichfalls unbewußt von der Übung abweichen aus Gründen, die in der augenblicklichen Stimmung, in einem raschen Wechsel der Eindrücke, in einem plötzlichen Aufflackern der Gedanken oder einer störenden Einwirkung beruhen. Werden wir nun über diese Dinge befragt, so antworten wir in bester Überzeugung, daß die

Sache in der einen oder der anderen Weise geschehen sei, und schließlich stellt sich heraus, daß die Aussage irrig war; zum Beispiel wenn ich beschwören soll, ob ich das Haus geschlossen, ob ich im Stehen oder Sitzen den Fahrstuhl gefahren, ob ich im Raucher- oder Nichtrauchercoupé gesessen bin. Der Zufall kann es nun herbeiführen, daß gerade ein derartiger, an und für sich ganz neutraler Umstand eine grundsätzliche Bedeutung gewinnt; denn je nachdem das eine oder andere geschehen ist, mag eine Tatsache, um die es sich handelt, möglich oder unmöglich gewesen sein. Gerade dieser furchtbare Widerspruch zwischen der wirklichen Bedeutung des Umstandes und zwischen der automatischen Bedeutungslosigkeit des Handelns ist oft tragisch geworden, er war die Quelle von Tausenden von Irrtümern und die Quelle von vielen Meineidstrafen.

Aber selbst wenn der Eindruck genau war, bleibt er in unserem Innern nicht unangetastet. Auch was scheinbar gut geschlossen in unserem Innern ruht, nimmt an unserem Seelenleben regen Anteil; und wenn es nach einiger Zeit hervorbricht, erscheint es umgestaltet und umgewandelt, namentlich dadurch, daß sich Teile des Erinnerungsbildes verwischen, andere dagegen in uns haften bleiben, und unser Geist überall da, wo durch die Vergeßlichkeit Lücken entstehen, das Fehlende unwillkürlich ergänzt: dies geschieht unbewußt, unterhalb der Schwelle unseres Erkennens, so daß wir sicher vermeinen, etwas aus dem Gedächtnis hervorzuholen, was unangetastet, von der Zeit der Beobachtung an, darin ruhte. Namentlich Dinge, die uns viel beschäftigen, werden in unserem Innern umgewandelt: mit jedem Male, wo wir das Bild zurückrufen, treten die einen Momente mehr hervor, die anderen zurück, und es entsteht schließlich ein Wahnbild statt der Wirklichkeit.

Bei dieser ganzen Umwandlung kommt das Bedürfnis unserer Phantasie sehr wesentlich in Betracht. Der phantasiebegabte Mensch hat die dringende Sehnsucht, in seinem Innern fertige, gefestigte Bilder zu schauen. Er will nichts verschwommen und halb, er will alles klar und rein sehen; deshalb wird gerade das Streben phantasieerregter Naturen unwillkürlich dahin wirken, daß die Erinnerungsbilder geändert und verschoben werden, und so muß das Phantasiebild über die Wahrheit obsiegen.

Hierbei kommt auch der Einfluß des Traumes auf die Vorstellung des Wachenden in Betracht. Vielfach haften Traumbilder so fest in uns, daß wir das hier Geschaute als ein wirklich Beobachtetes ansehen und es uns wie ein sinnlich wahrgenommenes Begebnis erscheint. In vielen Fällen können wir das wirklich Gesehene von dem Geträumten nicht unterscheiden, und diese Verwechslung wird um so verhängnisvoller sein, als das Geträumte vielfach mit den wirklichen Bildern zusammenhängt, so daß das Traumgeschaute und das Wirklichgeschaute nicht schon durch seinen Inhalt voneinander geschieden ist und beides ineinander fließt.

Ein weiteres trübendes Element ist die Suggestion, und zwar auch die Autosuggestion, indem dasjenige, was wir wünschen, in uns mehr oder weniger dem bereits Verwirklichten entgegentritt und es überwindet. Wir glauben dann nicht, daß das Gesehene, sondern daß dasjenige, was wir gern gesehen haben wollen, das Richtige ist. Noch viel wichtiger aber ist die Suggestion durch andere. Die tausendfältige Beeinflussung durch die Überzeugung Dritter, durch ihr Wort, ihre Tat, verbunden mit dem Nachahmungstriebe: alles das wird unsere Erinnerung wesentlich beeinflussen, denn der Nachahmungstrieb erstreckt sich nicht nur auf das Tun, sondern auch auf das Glauben und fälscht unwillkürlich die Vorstellung unseres Innern. Daher ist stets das Bereden eines Vorganges mit anderen gefährlich: hier wird die Suggestion sehr leicht mächtig, und dasjenige, was andere meinen und behaupten, wird mehr und mehr in die Seele des Zeugen übergehen, und der Reflex dessen wird das in ihm aufgespeicherte Bild trüben. So hat man insbesondere mit Recht hervorgehoben, daß, wenn die Presse sich eines Skandalprozesses, einer cause célèbre, bemächtigt, die Preßlektüre für die Zeugen in hohem Maße verderblich sein kann.

Betrachten wir z. B. die Protokolle aus der Zeit der Hexenverfolgungen, so ist es nicht anders denkbar, als daß die ungeheure Suggestion der damaligen Dämonologie die Tausende von Verfolgten ebenso wie die Zeugen beherrschte. Es ist völlig ungeschichtlich und unpsychologisch, anzunehmen, daß alle diese Aussagen in die Personen hineingefoltert wurden. Nicht nur stammen sie auch von einer Menge von Zeugen her, welche keine Folter zu fürchten hatten, sondern die Erklärungen sind vielfach so ins einzelne gehend und zeigen solche merkwürdige Sonderlichkeiten, daß es gar nicht anders möglich ist, als daß schließlich die Personen unter der ungeheuren Macht der allgemeinen Meinung selber daran geglaubt haben.

Daß schließlich in bewegten Seelen und in aufgeregtem Zustande Illusionen und Halluzinationen entstehen und das dort Wahrgenommene als wirklich erscheint, braucht kaum besonders dargelegt zu werden.

Hiernach hat der Richter bei der Prüfung der Aussagen des Verfolgten wie der Zeugen eine schwierige und verantwortungsvolle Aufgabe. Er erfüllt seine Pflicht nicht, wenn er alles einfach dem Zeugen in den Eid hineinschiebt und das von dem Zeugen unter dem Eide Gesagte ohne weiteres als wirklich annimmt. Er muß genau erwägen, ob nicht derartige täuschende Momente möglich sind, und wenn die Möglichkeit vorliegt, ob so viele andere Gründe für die Schuld sprechen, daß trotz dessen die Tat als erwiesen gelten kann. Widersprüche muß er auf diese Weise zu verstehen lernen, und es ist nichts ungerechter, als solche Gegensätze ohne weiteres auf bösen Willen und absichtliche Falschheit zurückzuführen. Namentlich ist es völlig verkehrt, wenn der Strafrichter sich allmählich in eine Schablone hineinarbeitet und die Aussagen von ein oder zwei Zeugen ohne weiteres als bare Münze annimmt, jede Erklärung des Angeklagten und jede Einwendung der Verteidigung ohne weiteres als verdächtig oder doch als unglaubwürdig betrachtet und nicht von dem Grundgedanken der menschlichen Irrtumsmöglichkeit ausgeht.

Eine der ersten Aufgaben der modernen Rechtspflege ist die Berücksichtigung der Seelenlehre bei Beurteilung menschlicher Beobachtungen und menschlicher Gedächtnisäußerungen.

Wieviel ist in diesen Beziehungen gefehlt und gesündigt worden! Viele Tausende sind auf Grund falscher Zeugenaussagen verurteilt worden, und tausendfach hat man Leute, die einen Vorgang in gutem Glauben erzählten, als falsche Zeugen behandelt.

Sehr schlimm ist nun aber auch der Umstand, daß man sogar den fahrlässigen Falscheid bestraft und den Menschen, der nach redlichem Bemühen seine Aussage machte, ins Gefängnis sperrt, weil man annimmt, er hätte bei größerer Ausdauer der Gedächtnisprüfung ein richtigeres Ergebnis herausbringen können. Man zwingt dadurch den Zeugen oder die Partei zu einer Gedächtnisgymnastik, welche durchaus nicht der Wahrheit förderlich ist; denn eben bei einer solchen Mißhandlung des Gehirns treten alle jene Ergänzungsfehler ein: der Aussagende wird gerade durch das ständige Bestreben, ja alles genau zu berichten, von der Natürlichkeit der menschlichen Geistesübung abgelenkt, und die Unnatur führt zur Trübung und Unrichtigkeit. Man darf dem Gedächtnis nicht mehr zumuten, als es leisten kann; überquält man eine Maschine, so wird sie schlechte Arbeit liefern.

Die ganze Lehre von dem fahrlässigen Falscheid beruht auf unrichtigen Vorstellungen in der Seelenlehre; sie beruht auf dem unzutreffenden Gedanken, als ob etwa unser Gehirn eine photographische Aufspeicherung sinnlicher Geschehnisse sei, so daß es sich nur darum handele, die Photographie richtig zu entwickeln und die Retuschen zu vermeiden. Das ist eben unrichtig.

4. Schwurgericht.

§ 29.

Ein prozessualisches Hauptproblem der heutigen Zeit ist die Beibehaltung oder Beseitigung der Schwurgerichte. Man hat sich für ihre Beseitigung ausgesprochen, man wollte die Schwurgerichte durch eine besondere Art von Schöffengerichten ersetzen, deren Konstruktion aber in der Luft schwebt und als völlig unpraktisch erscheint.

Die ganze Frage gipfelt darin: ist es für die Rechtspflege von Vorteil, wenn das Laienelement, und zwar nicht etwa bloß als Zierat, sondern durch maßgebende Einwirkung daran beteiligt ist? Ich glaube: es bedarf nur der richtigen Fragestellung, um sie zu bejahen. Allüberall, wo in Sachen der Lebenserfahrung und Lebensbeurteilung der Laienstand zugezogen worden ist, wie z. B. bei den Handelsgerichten, Gewerbegerichten usw., hat er sich als segensreich erwiesen, und nun erst in Strafsachen, welche noch viel mehr der Lebenserfahrung und praktischen Lebenspsychologie bedürfen als die Streitigkeiten des bürgerlichen Rechts! Sowohl die Prüfung der Indizien oder Inzichten, aus denen Schuld oder Unschuld ermittelt werden soll, als auch die Bemessung der inneren Schuld und der äußeren Umstände, in welchen die Schuld mit ihrer Sozialwidrigkeit erwachsen ist, setzen vor allem eine Vertrautheit mit dem Volke und seiner Denkweise und eine Kenntnis der Seelenstimmungen voraus, welche den verschiedenen Kreisen des Volkes bei ihrem Tun und Lassen innewohnen. Auch alles, was den physischen und den moralischen Schaden angeht, der aus der Untat stammt, Schrecken, Bestürzung, Furcht, verderbliches Beispiel wird am besten von denjenigen beurteilt, die im Volke leben und darum wissen, wie es denkt und fühlt.

Allerdings stehen die Naturen, welche die Schuld auf sich geladen haben, häufig als Verbrechernaturen außerhalb des Kreises der staatserhaltenden Gesellschaft und gehören zur negativen Klasse der Bevölkerung; allein einerseits sind die zu beurteilenden Untaten nur zum Teil Untaten dieses schmarotzerhaften Gesindels, großenteils stammen sie von Personen, welche eine aktive Beschäftigung haben und nur nebenbei in ihr gedeihliches Tun auch sozialwidriges Gift einmischen; aber auch was die Verbrecherseele betrifft, so kann der Mann aus dem Volke sie viel leichter beurteilen, denn diese Entartungen sind häufig die Folgen negativer Strömungen, erkeimend aus sozialen Schäden, für die der Laie meist besseres Verständnis hat als der der Wissenschaft (wenn auch der praktischen Wissenschaft) sich widmende Jurist.

Sodann kommt noch eines in Betracht. Die viele Beschäftigung mit den strafrechtlichen Elementen bewirkt unwillkürlich eine gewisse Voreingenommenheit. Wer mit lauter Unregelmäßigkeiten zu tun hat, wird überall Unrechtmäßigkeiten wittern und nicht selten das Gefühl verlieren für die vielen Abstufungen, welche in der menschlichen Tätigkeit zwischen dem wahrhaft Positiven und dem wahrhaft Negativen liegen. Das Benehmen von Verbrechern hat vielfach solche gemeinsame Züge, daß der Versuch nahe liegt, überall, wo gewisse Ähnlichkeiten hervortreten, eine Verbrecherseele und ein verbrecherisches Tun zu vermuten, ohne daß man sich dessen bewußt wird, daß sehr häufig der Schein trügt und das ständig mit der Nacht arbeitende Auge sich auch wieder an das Tageslicht gewöhnen muß, will es den Erscheinungen des Lebens gerecht werden. Gegen diese Einseitigkeit ständiger kriminalistischer Tätigkeit gibt es kein besseres Gegenmittel als das Heranziehen des Laienelementes, das in seiner Lebenserfahrung stets schwarz und weiß zugleich sieht und von selbst erkennen muß, wie das durchaus Böse nur vereinzelt ist und die verbrecherischen Persönlichkeiten meist eine Mischung von Gut und Schlecht darstellen. Wie viele Züge von Menschlichkeit, welche Summe wohlwollenden Humors liegt nicht oftmals in der Verbrecherseele, was alles dem technischen Juristen mehr und mehr verborgen bleibt!

Noch nach einer anderen Seite hin muß ich die Heranziehung des Laienelements für glücklich halten, nämlich als Gegenmittel gegen jene Inquisitionsweise, von der ich bereits gesprochen habe. Diese wird sich bei Laien wohl kaum so tief eingraben wie bei Juristen, und namentlich wird die Verteidigung, die beste Abwehr dieser Inquisitionsweise, bei den Geschworenen meist einen dankbaren Boden finden.

Alles, was man gegen das Geschworenengericht ausgeführt hat, namentlich in bezug auf mißverständliche Wahrsprüche, beweist immer nur die menschliche Fehlerhaftigkeit im einzelnen, in welcher Beziehung die Juristen an ihre eigene Brust klopfen können.

Ein wirklicher Einwurf gegen die Geschworenengerichte allerdings ist aus dem zu entnehmen, was über die Psychologie der Aussage gesagt ist. Man kann folgern: kaum daß die Juristen allmählich das Trügerische des Vorstellungs- und Gedächtnisbildes erfassen, — wie werden die Laien in dieser Beziehung fehlen, wenn die Juristen über die Schwierigkeit nicht hinwegkommen? In dieser Beziehung aber kann man sich trösten, denn:

1. pflegen die Laien in bezug auf die Irrtumsfähigkeit der Erinnerung meist viel richtigere Vorstellungen zu haben als die Juristen, welche jahraus, jahrein Aussagen vernehmen, protokollieren, Dinge festsetzen und dadurch von selbst zu Beurteilungen kommen, die dem Leben nicht mehr entsprechen und auf einer übertriebenen Schätzung des Darstellungsmaterials beruhen.

2. In allen Fällen kann die Verteidigung die Vernehmung von Gerichtsärzten verlangen, welche auf die Irrtumsfähigkeit und die Störungen der seelischen Tätigkeit hinweisen.

Man behauptet aber außerdem, daß der Laie nicht gewandt genug sei, den gerichtlichen Vorgängen mit der gehörigen Aufmerksamkeit zu folgen, um sich in kurzer Zeit ein Bild der Gründe für und wider zu machen, und man hat insbesondere hervorgehoben, daß die Suggestion des Redners sehr viel auf die Geschworenen einwirken könne, so daß sie unwillkürlich dem letzten Redner zum Opfer fielen.

Das ist aber alles sehr übertrieben und setzt ein mangelhaftes Geschworenenmaterial voraus. Sind die Geschworenen verkehrs- und geschäftsgewandte Leute, stehen sie im öffentlichen Leben der Gemeinde oder des Staates, dann werden sie sicher in der Lage sein, ebenso in der Gerichtsverhandlung mit ihren sorgfältigen Beweiserhebungen ein richtiges Bild zu erlangen, wie sie tagtäglich, wenn im Leben Entscheidungsfragen an sie herantreten, sich zu konzentrieren und den Entscheidungsstoff zusammenzufassen und zu beherrschen verstehen. Was aber die Rednersuggestion betrifft, so wird ihr Einfluß ebenfalls stark überschätzt; denn gerade eine lebenswidrige Behandlung der Sache wird im Gegenteil den Widerspruch hervorrufen und die Geschworenen eher in die Gegnerschaft bringen, wie ich das früher aus den Beobachtungen in den Schwurgerichten deutlich wahrgenommen habe. Daß aber die Geschworenen in ihrem Empfindungsleben berührt werden, ist durchaus kein Nachteil; denn wer die ungeheuren Eingriffe in das Lebensglück des Menschen tiefinnerlich erfaßt, der wird doppelt und dreifach zu einer sorgfältigen Prüfung geführt werden. Wesentlich ist allerdings, daß der Geschworene ein Mann von Charakter, daß sein Sinn voll Geradheit und

Offenheit ist und daß das Bedürfnis nach Gerechtigkeit tief in seiner Seele lebt. Dieses Gerechtigkeitsgefühl zu befestigen, ist aber eine der Hauptaufgaben der Neuzeit, und ich halte es deswegen für doppelt verfehlt, mit der Verbreitung des Determinismus dem Rechte jede Wurzel in der sittlichen Anschauung der Menschheit zu entziehen.

Die einzige wirkliche Schwierigkeit besteht darin, daß die Geschworenen sich juristisch irren können. Das hängt aber vielfach mit dem Formalismus unseres Schwurgerichtswesens zusammen. Es hängt auch damit zusammen, daß niemand vorhanden ist, welcher den Geschworenen im Beratungszimmer die entsprechende Auskunft geben kann. Darum wäre es nicht uneben, zu bestimmen, daß unter den Geschworenen immer ein Jurist sein müsse. Vor allem wäre aber der Formalismus der Fragestellung zu vermeiden, der schon zu vielen Irrtümern geführt hat. Ich war selbst Richter in einem Falle, in welchem ein italienischer Bilderhändler mit einem Mädchen unter 14 Jahren unzüchtige Handlungen vorgenommen hatte. Man hat damals (im badischen Strafprozeß) an die Geschworenen die Frage gestellt: War es dem Angeklagten unbekannt, daß das Mädchen unter 14 Jahren war? Diese doppelte Verneinung hielt man damals für erforderlich; ich war stets dagegen. Was vorauszusehen war, trat ein: die Geschworenen konnten sich mit der doppelten Verneinung nicht helfen und beantworteten die Frage einfach mit „ja". Sie wollten damit sagen: selbstverständlich hat der Täter das gewußt, und der Fall war auch so einleuchtend, das Mädchen so unentwickelt und kindlich, daß ein Zweifel nicht bestehen konnte. Gleichwohl mußten wir den Angeklagten freisprechen, und niemand war mehr überrascht über dieses Urteil als er selbst; da er nicht Deutsch verstand, so machte er bei der Verkündigung des deutschen Urteils eine sehr zweifelhafte Miene und wußte sich eigentlich nicht zu helfen, als die italienische Übersetzung ihm verkündete, daß er nur möglichst bald den Gerichtssaal verlassen solle. Aber jedermann sieht, daß dies auf Umständen beruht, die vermieden werden könnten. Dies sind eben Ungeschicklichkeiten in der Übung oder auch in der Gesetzesfassung, wie sie in dem Musterlande des Schwurgerichts, in England, nicht vorkommen. Es wäre wünschenswert, wenn der Formalismus gebrochen würde und zwischen Gericht und Geschworenen nicht die Beziehung einer steifen, formalen Abgemessenheit herrschte, sondern eine innige Beziehung gegenseitiger Beihilfe zur Erreichung der Wahrheit, wie in England. Was bei uns entgegensteht, ist leider noch immer die Inquisitionsweise der Vorsitzenden und ihre Einseitigkeit, welche den Angeklagten schon für den Verurteilten hält und vorausgreifend dem Einfluß der Verteidigung, als ob sie eine unrichtige Ablenkung wäre, entgegentreten möchte. Darum mußte auch in Frankreich und Deutschland das Resümee, die zusammenfassende Darstellung des Vorsitzenden fallen. Sind wir einmal so weit, daß die Vorsitzenden die Verteidigung für ebenso wichtig halten, wie die Anklage, und vollständig auf das Ergebnis des Aktenstudiums verzichten, um sich unbefangen dem Eindruck der Verhandlung hinzugeben, dann wird ein Verhältnis zwischen Gericht und Geschworenen möglich werden wie in England, und wir werden nicht mehr nötig haben, das steife System der Fragestellung beizubehalten, dessen Formalismus wir durchaus nicht als eine besondere juristische Feinheit ansehen können.

Es gibt allerdings Fragen, für deren Lösung die Geschworenen nicht völlig gereift sind, namentlich die Frage der Unzurechnungsfähigkeit und alles, was in das Psychiatrische hineinspielt. Hier haben die Gerichtsärzte oft einen schweren Stand. Die Erkenntnis, daß jemand geisteskrank sein kann, obgleich er äußerlich als ganz normal erscheint, und die Erkenntnis, daß eine zeitweise vernunftartige Tätigkeit jene innerlichen Unterströmungen nicht ausschließt, welche den freien Willen ausschließen oder seine vernünftige Bewegung hemmen, ist kaum bei den Juristen durchgedrungen, bei den Laien noch viel weniger. Hier wäre einstweilen die Behandlung möglich, daß man derartige Fragen von der Beurteilung der Geschworenen ebenso ausschließt, wie die streng juristischen Fragen, die zweckmäßig dem Juristenstande überlassen werden; oder noch besser, daß es der Verteidigung gestattet ist, gegen den Wahrspruch der Geschworenen das Urteil des Gerichtshofes anzurufen.

IV. Probleme des Genossenschaftsrechts.

§ 30.

Der Genossenschaftsbetrieb hat sich von jeher in zwei Hauptformen entwickelt, in der Gesellschaft und im Verein. In der Gesellschaft handelt die Mehrheit mit verbundenem Vermögen, im Verein handelt die Vereinspersönlichkeit mit ihrem eigenen Vermögen, aber sie handelt in der Art, daß die Vereinsregierung durch die Vereinsmitglieder stattfindet, und vielfach sind auch diese Mitglieder an den Ergebnissen des Vereins beteiligt.

Während aber die Gesellschaftsmitglieder ein Miteigentum am Vermögen der Gesellschaft haben, haben die Vereinsmitglieder nicht ein Miteigentum am Vermögen des Ganzen. Dies wäre unmöglich, denn das Vermögen ist alleiniges Vermögen des Vereins. Was sie haben, ist nur ein sog. Wertrecht an den Ergebnissen dieses Vermögens, verbunden mit persönlichen Rechten der Mitregierung und Mitverwaltung, welche man Organschaftsrechte nennt, so daß hier zwei Berechtigungen, das Organschaftsrecht und das Wertrecht, zusammenkommen, und diese geben die Möglichkeit, daß auf der einen Seite die Vereinsmitglieder das Vermögen dem Verein überlassen, auf der anderen Seite doch auch an dem Verein und seinem Vermögen in vollem Maße beteiligt sind.

Beide Formen können auch weiter gebildet werden. Ein Verein kann mit einem anderen Verein Verbindungen anknüpfen. Diese Verbindungen können erstens Dienst- und Werkverträge darstellen, so z. B. die Kartellverbindungen, so die Staatsverträge in ihrer einfachen Form. Sodann kann aber zweitens ein Verein mit dem anderen Verein eine Gesellschaft gründen, so daß nicht bloß jene zwei Vereinigungen mit Sonderinteressen, sondern daneben außerdem eine Gesamtvereinigung mit gesellschaftlichen Gesamtinteressen vorliegt. Es unterscheidet sich diese Form von der ersten, wie überhaupt Werk- und Dienstverträge sich vom Gesellschaftsvertrag unterscheiden. Staatsrechtlich gehören hierher Staatenbünde wie Österreich-Ungarn, welche durch gemeinsame Tätigkeit eine Fülle gemeinsamer Ziele erstreben.

Vereine können sich aber auch in der Art zusammenschließen, daß sie die Mitglieder eines dritten Vereins werden, der aus ihnen besteht. Verbände öffentlichen Rechts in der Art, daß aus dem Gesamtverband eine neue genossenschaftliche Einheit hervorgeht, haben wir bereits in den Berufsgenossenschaften. Die einzelnen Mitglieder der Berufsgenossenschaft sind nicht etwa bloß die Einzelgeschäfte, sondern auch die Vereins- und Gesellschaftsgeschäfte, aber sie verbinden sich in der Berufsgenossenschaft zu einer neuen Einheit, zunächst allerdings nur zum Zwecke der Arbeiterversicherung, aber schon haben sie ihrem Wirken weitere Ziele gesteckt, und namentlich können sie dadurch fruchtbar wirken, daß sie die Betriebe nach ihrer Sicherheit und der Sorgfalt für die Arbeiter beaufsichtigen.

Auf dem Gebiete des Aktienvereins ist der Fall dann gegeben, wenn eine Aktiengesellschaft Aktiengesellschaften als Aktionäre hat: es ist die holding company des amerikanischen Rechts, über deren Zulässigkeit in Deutschland allerdings gestritten wird. In Amerika hat sie zu ungeheuren wirtschaftlichen Ergebnissen geführt.

§ 31.

Dieser Weg ist aber nicht der einzige, den die Zukunft wandeln wird. Nicht diejenigen Gesamtvereine, deren Mitglieder wieder Vereine sind, werden die größte Rolle spielen, sondern Gesamtvereine in der Art, daß die Mitglieder der Einzelvereine zugleich Mitglieder des Gesamtvereins sind, so daß also der Gesamtverein und der Einzelverein aus demselben „Material" gebildet sind, und daß, solange diese Einzelvereine bestehen, sich auch ihre Mitglieder zum Gesamtverein zusammenschließen müssen. Es ist ein Gedanke, der in dem Augenblick auftauchte, als es Bundesstaaten gab, und der bei der Bildung des nordamerikanischen Freistaates eine so große Rolle spielte. Als der amerikanische Bundesstaat gebildet wurde, regte sich die Zunge auf der Weltenwage, und ein neues Gewicht trat in die Weltgeschicke ein. Es war ein amerikanischer Schriftsteller, P. Webster, welcher diese Rechtsform im Jahre 1783 aufstellte, worauf sie im amerikanischen Bundesstaat praktisch zum Ausdruck kam.

Die große Bedeutung dieser Gestaltung besteht darin, daß erstmals Einheit und Mannigfaltigkeit in einer Weise zur Vereinigung gelangten, wie es sonst nicht möglich war. Es sollen die Sonderinteressen in der Art gewahrt bleiben, daß die Mitglieder sich in ihrem Sonderdasein wohl fühlen, auf der anderen Seite aber sollen sämtliche Kreise sich zu einem Ganzen zusammenschließen und so die großen Gesamtzwecke kräftig durchführen.

Der Gesamtverein ist hier nicht aus den einzelnen Genossenschaften gebildet, sondern aus den Mitgliedern der einzelnen Genossenschaften. Er zeigt daher einen ebenso engen Anschluß an die Einzelmitglieder, wie der Einzelverein. Bei den Verbänden der vorigen Art (S. 75) können die Einzelvereine zusammentreten und die Auflösung des Gesamtvereins beschließen, wie s. Z. Norwegen und Schweden sich getrennt haben. Beim Bundesstaat aber und beim Bundesverein können niemals die einzelnen Staaten oder Vereine die Auflösung beschließen, denn der Bundesstaat ist nicht eine bloße Beziehung der einzelnen Staaten zueinander, sondern eine Beziehung des Bundesstaats zu jedem einzelnen Bürger; daher steht der Bundesstaat als solcher ebenso fest wie der Einzelverein oder Einzelstaat.

Gewisse Einzelziele innerhalb eines Vereins können allerdings auch erreicht werden, ohne daß man einen Bundesverein mit Einzelvereinen gründet: sie können dadurch erreicht werden, daß man innerhalb des Einzelvereins Ortsgruppen bildet, deren Mitgliedern in ihrem Gruppenzusammenhang Sonderrechte zugestanden werden. Dann ist nur ein Verein und nur eine Persönlichkeit vorhanden, und die Ortsgruppen haben eine Sonderstellung, ohne daß sie besondere Persönlichkeiten bilden: sie haben kein eigenes Vermögen und keine eigene Handlungsgewalt, ihre Mitglieder sind nur am Vermögen des Vereins und an seinen Rechtshandlungen in eigenartiger Weise beteiligt. Es ist ebenso, wie wenn ein Staat Provinzen hat mit gewissen selbständigen Rechten, aber ohne staatliche Persönlichkeit. Diese Gestaltung ist nicht ausgeschlossen, allein sie bietet große juristische Schwierigkeiten, und namentlich die Lösung von Streitigkeiten zwischen Ortsgruppe und Verein scheitert oft an rechtlichen Hemmnissen.

Die richtige Politik ist es vielmehr, hier einen Bundesverein zu gründen mit einer Reihe von Sondervereinen, in der Art, daß jeder Teilnehmer eines Sondervereins damit von selber Mitglied des Bundesvereins ist, jeder daher eine doppelte Mitgliedschaft hat, eine Mitgliedschaft im Sonderverein wie im Bundesverein; und es bilden sich verschiedene Vermögensmassen: der Bundesverein hat sein Vermögen und jeder Sonderverein sein eigenes. Hier haben die Sondervereine in der Verfolgung ihrer örtlichen Interessen eine große Selbständigkeit: es steht ihnen zu, über das örtliche Vermögen zu schalten, eigene Organe aufzustellen und eigene Geschäfte zu führen. Allerdings können sie in bezug auf gewisse Geschäfte von der Zustimmung oder Genehmigung des Bundesvereins abhängig sein; auf solche Weise lassen sich in den verschiedensten Wendungen die allgemeinen Interessen mit den Sonderinteressen versöhnen.

Etwaige Zusammenstöße in bezug auf die Zuständigkeit des Sondervereins und Bundesvereins, namentlich in bezug auf das Vermögen, lassen sich gerichtlich erledigen. Möglich ist auch, daß dem Gesamtverein gestattet wird, seine Zuständigkeit zu erweitern und den Wirkungskreis der Sondervereine zu verringern; soweit dies nicht der Fall ist, kann der Bundesverein ebensowenig in die Sondervereine eingreifen wie in die Berechtigung dritter Personen, mit denen er etwa in Berührung kommt.

§ 32.

Die Form des Bundesvereins wird künftig auch der richtige Ausdruck werden für die in unserem Festlande, vor allem in Deutschland sich bildenden Kartelle. In Amerika haben sich die Kartelle mehr und mehr in die Vereinsform geflüchtet, und sie sind zu den Trusts übergegangen, indem die einzelnen Gewerbe aufgelöst und alles zu einem großen Gesamtgewerbe vereinigt wurde. Die Folge war, daß die einzelnen Unternehmungen mehr und mehr ihre Einzelwesenheit verloren und alles einer großen Schablonierung anheimfiel. Darum ist dieses Gebilde kaum die richtige Form für die künftige Gestaltung unseres Kartellwesens; denn in unseren Betrieben hat sich eine so große Mannigfaltigkeit und eine so große Besonderung in der Stoff- und Werterzeugung entwickelt, daß ein volles Aufgehen der einzelnen Betriebe in einem Gesamtbetrieb weder unseren Gewohnheiten noch auch unseren Interessen entspräche. Wir wollen die Besonderungen in unserem Gewerbebetrieb nicht missen: das wäre ein Aufgeben unserer eigenen Natur und zu gleicher Zeit ein Aufgeben vieler Vorteile, welche uns dieses System geboten hat. Und doch dürfen wir auch nicht auf die großen Vorteile des Gesamtwirkens verzichten: wir können es nicht, wollen wir nicht durch die amerikanischen Kapitalkräfte vom Weltmarkte vertrieben werden; denn der einzelne Gewerbetreibende kann nimmermehr im Ausland die Rolle spielen wie eine ungeheure Gesamtheit mit ihrer gewaltigen Kapitalkraft.

Die Möglichkeit nun, beide großen Ziele miteinander zu vereinigen, bietet unser Bundesverein. Nehmen wir an, daß die großen Betriebe sich in Gestalt von Aktiengesellschaften oder in ähnlichen Formen heranbilden, so ist die Möglichkeit gegeben, daß diese Aktienvereine sich wiederum zu einem großen Gesamtaktienverein verbinden, in der Art, daß die Aktionäre der einzelnen Vereine zugleich Aktionäre des Gesamtvereins sind. Hier nun ist es möglich, daß auf der einen Seite die wichtigen gemeinsamen Interessen von der Gesamtaktiengesellschaft besorgt werden, während die einzelnen Sondergesellschaften in ihrer Art verbleiben und auf solche Weise die Eigenart, auf der großenteils der Vorrang unserer Industrie beruht, fortbesteht. Der Bund bestimmt gewisse Normen und überläßt es dem Wirken der einzelnen, innerhalb ihres Kreises Neues zu gestalten.

Auf diese Weise wird der Vorteil des Gesamtbetriebes erzielt; eine ungeheure Menge von Einzelkosten wird erspart: der Gesamtbetrieb kann über die Erde seine Netze spannen und kann mit den großen Geldmächten des Auslandes in Wettbewerb treten. Er kann die mächtige Reklame überall hinaussenden und kann in aller Welt Zweigverbindungen gründen und damit den Handel im Auslande zu beherrschen suchen.

Die feste Verknüpfung liegt in der Bundesverknüpfung. Sind bloß die einzelnen Betriebe zu einer Einheit zusammen, dann werden leicht Zeiten der Krise kommen und die Gesamtheit wird auseinanderfallen. Das ist aber nicht möglich, wenn die Gesamtheit nicht aus den einzelnen Betrieben, sondern aus den Mitgliedern besteht, welche selbst die einzelnen Betriebe bilden. Dann ist die Gesamtheit so fest wie der Einzelbetrieb, und es wird insbesondere die ständige Nebenbuhlerschaft zwischen den Hauptgeschäften und der verderbliche Einfluß des gegenseitigen Neides und der Mißgunst, welcher sonst das Ganze bedroht, gemildert werden.

Auf solche Weise können einige Gesamtverbände gebildet werden, nach Art des Gewerbes und der Produktion. Die verschiedenen Produktionsarten selber bedürfen eines so innigen Zusammenhaltes nicht, für sie ist dann eine einfache Vereinsverbindung möglich wie unter Staaten die Staatenverbindung. In dieser Art haben wir auch im Gesellschaftsleben die großen Gedanken des Staatenbundes und des Bundesstaates, ohne welche unsere politischen Aufgaben sich nicht erfüllen ließen. Dabei besteht noch die große Erleichterung, daß über dem Ganzen, sowohl über dem Vereinsverbande als auch über dem Bundesverein, das staatliche Gesetz schwebt, und wo sich Meinungsverschiedenheiten entwickeln, ist von selbst eine Stelle geschaffen, welche die Streitigkeiten zum Austrag bringt: das Gesetz kann die Regel geben, wie sich solche Vereinigungen in Bundesstaats- und Staatenbundesweise bürgerlichrechtlich gestalten; während auf dem Gebiete des Staatslebens eine derartige höhere Instanz nicht vorhanden ist und man erst in der neueren Zeit wirksame Mittel schafft, um auftauchende Fragen auch im Falle dauernder Widersprüche zur Erledigung zu bringen.

§ 33.

So denke ich mir den künftigen Gewerbebetrieb in unserem Lande, nicht in Gestalt der gleichmachenden amerikanischen Trusts, sondern in Gestalt von Bundesvereinen und von daran sich anschließenden Sondervereinen, wobei den Bundesvereinen ebenso wie den Sondervereinen ein bestimmter Kreis des Handelns gebührt und auf solche Weise Sonder- und Gesamtinteressen gleichmäßig zur Geltung kommen; denn die Sondervereine haben ihr selbständiges Vermögen, ihre selbständige Verwaltung, ihr selbständiges Einkommen, ihre satzungsmäßige Tätigkeit, ebenso aber auch der Gesamtverein. Diese Zerspaltung der Tätigkeit in Gesamttätigkeit und Sondertätigkeit ist weder eine Unnatur, noch wird sie unlösliche Zusammenstöße mit sich führen: ebenso wie die deutschen und nordamerikanischen Einzelstaaten sich wohl fühlen, auf der einen Seite in ihrer Besonderheit, auf der anderen Seite in ihrer Angehörigkeit zu Bund und Reich, ebenso wird sich die Sache auch hier gestalten; denn das Zerspalten des Vermögens und der Tätigkeit ist hier nichts Willkürliches, sondern es beruht auf der Spaltung der Interessen.

Natürlich ist in allen diesen Gebilden eine lebhafte Bewegung möglich; denn das Gesamtwollen auf der einen Seite und das Einzelwollen auf der anderen wird sich gegenseitig beeinflussen, und bald wird das eine, bald das andere mehr zur Geltung kommen. Solche Vereine streben bald mehr nach der Zusammenfassung, bald mehr nach der Besonderung. Möglich ist hierbei, daß eine Reihe von Betrieben ineinander übergehen, möglich ist auch, daß eine Reihe von Betrieben die Besonderung aufgeben und in den Betrieb des Gesamtvereins übernommen werden. Es wäre dies etwas Ähnliches, wie die deutschen Kolonien keinem Einzelstaate angehören und unmittelbares Reichsland sind, und ebenso wie der Bezirk von Washington in Nordamerika ein unmittelbares Bundesland darstellt. Ist dann einmal das Bedürfnis einer vollständigen Vereinigung gegeben, treten die Besonderheiten zurück, dann kann natürlich auch eine volle Zentralisierung entstehen. Wesentlich ist dabei, daß solche Gestaltungen so lange dauern wie die in ihnen wirkenden Kräfte, und daß, wenn eine Änderung in den gegenseitigen Machtverhältnissen eintritt, das Recht die Elastizität hat, um derartigen Änderungen nachzukommen; und das ist bei diesen Rechtsformen in vollem Maße möglich.

V. Probleme des Zivilprozesses.

§ 34.

Erst in neuerer Zeit hat man über die Probleme des Zivilprozesses tiefer nachgedacht; denn länger als auf den übrigen Rechtsgebieten hat im Zivilprozeß das Naturrecht seine Herrschaft geübt, und zu einer geschichtlichen Betrachtung der Prozeßvorgänge sind wir erst in unseren Tagen gereift. Die geschichtliche Darstellung des Zivilprozesses hat erst begonnen; denn daß man früher im römischen und deutschen Zivilprozeß gearbeitet hat, ist zwar sehr erfreulich und in seiner Art fruchtbar gewesen, aber die lebendige Anknüpfung an unseren heutigen Zivilprozeß hatte man nicht gefunden, und so war Geschichte und Gegenwart durch eine schroffe Kluft getrennt. Wenn wir heutzutage Prozeßwissenschaft treiben, so erkennen wir die geschichtliche Bedingtheit auch dieses Rechtszweiges vollkommen an und müssen überall fragen, ob eine Rechtsidee auch wirklich im vorhandenen Rechte ihre Verwirklichung gefunden hat, oder ob das Recht von einem anderen noch unerforschten Grundsatze ausgeht. Sodann haben wir erst in der neueren Zeit einen Blick in die universelle Entwickelung des Prozesses gewonnen, und erst diese ist uns förderlich, nicht aber eine abgerissene Darstellung der Prozeßentwickelung einzelner Völker.

Zunächst ist sicher, daß der Zivilprozeß ein Ergebnis späterer staatlicher Entwickelung ist, bei welchem einerseits das Häuptlingtum und andererseits die Religionsübung die größte Rolle gespielt hat. Die Bedeutung des Zivilprozesses im einen wie im anderen Falle war die einer Friedenseinrichtung zur gütlichen Erledigung von Streitigkeiten, die sonst der Gewalt der Fäuste unterworfen waren, und zwar einer Erledigung unter Mitwirkung des Staates, welcher seine mitwirkende Tätigkeit in Feststellung und in Vollstreckung äußerte.

Daß ursprünglich die Rechtsverwirklichung Selbsthilfe war, ist durch die Beobachtung der Naturvölker und derjenigen Kulturvölker, die einen älteren Zustand darstellen, so sicher dargetan worden, daß darüber kein Zweifel bestehen kann. Noch jetzt finden wir überall bei den Naturvölkern die Rechtsverwirklichung in der Art, daß, wer recht zu haben glaubt, sich mit einer Schar Genossen verbündet und den Gegner in irgendeiner Weise pfändet oder in Gefangenschaft setzt und so lange in Gefangenschaft läßt, bis er ausgelöst wird. Wenn hierbei von gegnerischer Seite die Schuld nicht anerkannt wird, so führt dies zu Repressalien; und sind beide Teile kräftig genug, ihren Standpunkt festzuhalten, so wird der Streit entweder zum gegenseitigen Familienkampf, oder man zieht die Hilfe von Schiedsrichtern herbei und unterwirft sich diesen. Erst als sich die Idee entwickelte, daß die Gottheit im Rechte walte, kam man zur Anrufung der Priester; und als die Häuptlinge mit allen Mitteln ihre Macht mehren wollten, war es ihnen willkommen, wenn der Schwache sie zu Hilfe rief und sie dem Kläger zu seinem Rechte verhalfen und dem, der durch unrichtige Selbsthilfe bedrängt war, Unterstützung und Lösung boten. Daß auf solche Weise lange Zeit Selbsthilfe und Staatshilfe nebeneinander bestanden, ist begreiflich; denn derartige Einrichtungen ändern sich nicht so einfach, wie das Umstülpen des Handschuhs: erst nach langem Nebeneinanderwalten wird das Alte verschwinden und das Neue zur unbedingten Herrschaft gelangen.

Mit Eintritt des Staates entwickelte sich der Prozeß als Friedenseinrichtung: während bisher die Verwirklichung des Rechts in die Macht des einzelnen Privaten gelegt war und dies zu ständigen Privatkämpfen führte, trat jetzt der allmächtige Staat auf und verwirklichte das Recht ohne jeden Kampf oder in einer solchen Weise, daß ein Widerstreben keine ernstliche Bedeutung haben konnte; und da ferner der Staat an Stelle der mehr oder minder willkürlichen Entscheidung der einzelnen Beteiligten die Prüfung und Erledigung der Frage, wer recht habe, übernahm, so mußte natürlich nicht nur eine gerechtere Erledigung der Sache erzielt werden, sondern auch die Anerkennung des so geschaffenen richterlichen Rechts mußte immer allgemeiner werden, und das Gefühl, daß, wenn Recht gesprochen wird, auch wahres Recht gesprochen werde, mußte eine tiefe Befriedigung der Bevölkerung herbeiführen. Auf diese Weise ist der Prozeß als Friedenseinrichtung entstanden und muß als Friedenseinrichtung vor allem in Betracht gezogen werden.

§ 35.

Von den früheren Zuständen unterscheidet sich der Prozeß vor allem dadurch, daß der Staat seine Aufgabe erweitert hat. Der Staat hat neben seinen anderen Aufgaben es übernommen, die Rechtsverwirklichung auf dem Wege des Friedens zu vollziehen.

Geblieben ist noch der Kampf der Parteien, allein es ist ein rechtlicher Kampf geworden. Schon in den Zeiten des Gottesstreites wurde er aus einem blinden Streite der Feinde zu einem Kampfe mit göttlichen Mitteln. Auf die Anrufung der Gottheit folgte die Unterwerfung unter die Allmacht der gottbeseelten Natur; in Wasser und Feuer, in Gift und Wage, in den Zuckungen der menschlichen oder tierischen Natur erkannte man das Walten der Gottheit; aber auch im Zweikampf war es der göttliche Einfluß, der dem Recht zum Siege verhalf. Nur scheinbar kam der Mensch als Kämpfer mit seiner Kraft und Geschicklichkeit zur Geltung: es war die Gottheit, welche das Schicksal lenkte; dies war das Denken jener Zeit.

Auf solchen religiösen Gebilden erwuchs der heutige Prozeß. Was die Parteien im heutigen Prozesse tun, besteht darin, daß sie ihre Gründe und Gegengründe vorbringen und einander bekämpfen. An Stelle des Gottesbeweises treten die menschlichen Beweise, und das Gericht hat nun nicht etwa die Züge des göttlichen Waltens zu erspähen, es hat nicht zu ergründen, in welcher Richtung sich die Gottheit im Prozesse äußert und nach welcher Seite sich die Wage der göttlichen Entscheidung senkt, sondern das Gericht hat die im Kampfe von Rede und

Gegenrede, von Beweis und Gegenbeweis gebrachten Umstände vernünftig zu zergliedern; es hat zu prüfen, nach welcher Seite hin das Gewicht menschlicher Gründe sich neigt: an Stelle der göttlichen Allwissenheit tritt die weltkluge Einsicht des entscheidenden Richters.

Daraus geht hervor: der Prozeß ist und bleibt ein Kampf, früher mit göttlichen, später mit menschlichen, aber natürlich stets mit vergeistigten Mitteln, und das Gericht vollzieht, nachdem der Kampf der Geister sich entwickelt hat, seine Tätigkeit.

§ 36.

Das schließt nicht aus: 1. daß das Gericht in den Kampf der Parteien einwirkt. Solches kam schon in den Zeiten des Gottesrechts vor, denn das Gericht griff ein, um den richtigen Vollzug der gottesrechtlichen Bestimmung zu gewährleisten; 2. es ist nicht ausgeschlossen, daß das Gericht außer dem, was dieser Parteikampf zutage fördert, noch andere Umstände berücksichtigt, die ihm bei der Entscheidung behilflich sein können. Auch beim Gottesbeweis war eine sonstige Berücksichtigung des göttlichen Waltens, außerhalb der Gottesprobe, nicht ausgeschlossen, schon darum, weil man stets die Frage aufwerfen konnte, ob nicht die Gottesprobe selbst durch unlauteren Zauber getrübt werde. Daher entspricht es auch der modernen Entwickelung vollkommen, daß das Gericht nicht bloß die von den Parteien gebrachten Umstände benutzt, sondern alle ihm bekannten Lebensverhältnisse zu Rate zieht und aus alledem eine Entscheidung bildet, welche der Sachlage möglichst gemäß ist. Früher wollte man die Erkundungssphäre des Richters möglichst einengen, man glaubte, der Richter dürfe nicht über die von den Parteien behaupteten Tatsachen und Beweise hinausgehen und sei in den von den Parteien umschriebenen Zauberbann gebunden. Allein der Parteikampf ist nur ein Mittel, um zur gerechten Entscheidung zu gelangen, und zu diesem Mittel können andere hinzutreten. Man sprach seit etwa 100 Jahren von Verhandlungsmaxime, man erkennt jetzt, daß diese eine unrichtige Einseitigkeit ist. Die Aufgabe des Gerichtes erheischt, daß es in der Bildung seiner Ansicht einen möglichst weiten Spielraum hat.

3. Das Verhältnis zwischen Richtertätigkeit und Parteitätigkeit ist nicht ein derartig inniges, daß die Richtertätigkeit mit der Parteitätigkeit in stetem Gleichklang stünde. Die Richtertätigkeit kann vielmehr die Parteitätigkeit überschreiten und Folgerungen erzeugen, die über das Begehren der Parteien hinausgehen und hinausgehen müs-

sen. Zwar soll regelmäßig ein Urteil nur erfolgen, wenn eine Klage erhoben ist, und das Urteil soll nur das eingeklagte Verhältnis treffen, und auch dieses nur, soweit es sich unter den Parteien entwickelt. Wenn der A mit dem B einen Prozeß führt, so kann der dabei ganz unbeteiligte C nicht betroffen werden; dies wäre im höchsten Grade ungerecht und unsachgemäß. Allein es gibt Fälle, wo das Urteil diesen Kreis durchbricht. Insbesondere schafft das deutsche Recht verschiedene Vorkehrungen, um die Entscheidung auch gegen Dritte wirken zu lassen. Man zieht Dritte in den Prozeß hinein durch Hauptintervention, durch Beiladung, durch öffentliche Aufforderung: damit die Entscheidung auch gegen Dritte maßgebend wird. Es ist eine mißliche Erscheinung, wenn z. B. bei mehreren Gesamtschuldnern das Gericht bezüglich des einen so, bezüglich des anderen anders entscheidet, wenn A gegenüber dem einen Nachbarn als Eigentümer, gegenüber dem anderen als Nichteigentümer erkannt wird, oder wenn gar in der Frage der Existenz oder Nichtexistenz einer Grundgerechtigkeit bezüglich des einen Miteigentümers eine bejahende, bezüglich des anderen eine verneinende Entscheidung ergeht. Hier ist es voll begründet, durch Heranziehung der übrigen Beteiligten in den Prozeß die Sache nicht nur subjektiv, sondern auch objektiv einheitlich zu erledigen.

Noch mehr gilt dies im Verwaltungsprozeß, der zwar in seiner Bildung dem Zivilprozeß gleichartig ist, bei dem aber gerade von der Beiladung und zwar von Amts wegen ein ganz außerordentlicher Gebrauch gemacht wird, zu dem Zwecke, um, wenn durch Parteiklage eine Frage angeregt ist, zu bewirken, daß diese nicht nur im Umkreis der Parteien, sondern überall, wo verwandte Interessen sich regen, zur Erledigung kommt. Man denke sich den Fall, daß die Beitragspflicht zu einem Straßen- oder Brückenbau in Frage steht, in welchem Falle es dringend erforderlich ist, daß die Sachlage für alle Beteiligten geklärt wird.

Damit ist ein neuer Beweis geführt, daß die Richtertätigkeit durchaus nicht von der Parteitätigkeit in der Art abhängig ist, wie man es vielfach will, sondern daß der Staat von sich aus dafür sorgen kann, daß im Interesse des Friedens eine Erledigung streitiger Fragen in weiterem Umfange stattfindet.

§ 37.

Der Prozeß soll, wie bemerkt, das Recht nicht nur verwirklichen, sondern auch in einer das bürgerliche Recht bindenden Weise feststellen. Er verfolgt also den Zweck, das Recht zu finden, um es in die Tat umzusetzen. Dieser Zweck ist Zweck, er ist ein Ideal; er wird nicht immer erreicht. Er kann schon darum nicht immer erreicht werden, weil manche Rechtsvorgänge auf so verwickelten und verborgenen tatsächlichen Verhältnissen beruhen, daß dem Gericht die Mittel fehlen, sie unzweifelhaft zu entwirren, oder weil die Parteien es an dem fehlen lassen, was nötig ist, um dem Gericht den vollen tatsächlichen Rechtsstoff zu unterbreiten. Wird das Ziel verfehlt, so muß die Friedensordnung sich bei dem verfehlten Ergebnis beruhigen, und die Rechtsordnung muß der Friedensordnung weichen, denn die Friedensordnung rührt an die Grundlagen des Staatslebens. Nur in seltenen Fällen ist es gestattet, die rechtskräftige richterliche Entscheidung zu durchbrechen. Daß aber die Entscheidung zugleich um der Friedensordnung willen da ist, muß um so mehr hervorgehoben werden, als vielfach der Gedanke der Rechtsverwirklichung ganz einseitig betont wird, als wäre er der einzige, der in Betracht käme.

Es ist einseitig und verfehlt, den Staat nur als Verwirklicher des Rechtes anzusehen: der Staat ist zugleich der Bringer des Friedens, und wenn das Recht im einzelnen Falle zum Unrecht wird, so muß man sich darüber trösten, denn nur um diesen Preis ist der Frieden im Staat und damit die Voraussetzung jeder Kulturentwickelung zu erzielen.

Wenn wir daher Rechtsverwirklichung und Rechtsfeststellung als Ziel des Prozesses aufstellen, so ist dies, wie bemerkt, ein Ziel, dessen Erreichung uns als Ideal vorschweben muß, das aber durchaus nicht immer und zu jeder Zeit erreicht wird. Der Prozeß ist nicht eine Einrichtung, welche Rechtsverwirklichung und Rechtsfeststellung stets erzielt, sondern eine Einrichtung, welche beides anstrebt, allein bei weitem nicht immer zum Ziele gelangt; und wer die offenbare Tatsache, daß vielleicht 30 % der Entscheidungen dem wirklichen Sachverhalt nicht entsprechen, unberücksichtigt lassen wollte, der würde den Regeln der Wissenschaft nicht entsprechen: denn diese muß sich auf Wirklichkeit aufbauen und die Institute in ihrem Sein und Werden, nicht nach dem kennzeichnen, was sie sein könnten, wenn wir in einer anderen Welt als in der Welt der Vergänglichkeit lebten.

Ja, wenn eine Gottheit durch Gottesgericht entschiede, wie man ehedem vermeinte: aber es ist der irrsame Menschengeist, dem die Entscheidung obliegt. Doch, wenn wir auch nicht immer Recht und

Frieden zugleich erreichen können, so können wir mindestens das Recht anstreben und den Frieden verwirklichen.

Jeder Prozeß hat darum seine Gefahren; das wußten schon die alten Deutschen. Allerdings in den Zeiten, wo noch die streng rituelle Form lebte, waren die Gefahren weitaus größer als heute, und die Entscheidungen hingen von vielen Zufälligkeiten ab. Wir staunen, wenn wir den altdeutschen und namentlich den altfranzösischen Rechtsgang in Betracht ziehen und sehen, wie oftmals der ganze Erfolg des Prozesses an einem Haar hing, und dies nicht etwa im Interesse der Gerechtigkeit; denn die alte Zeit strebte durchaus nicht unter allen Umständen dahin, ein gerechtes Ziel zu erreichen, sondern man gewann den Prozeß wie man ein Spiel gewinnt. Heutzutage ist es anders; die Gefahr ist geringer, aber sie besteht noch: sie besteht aber meist nicht um der Form willen, sondern wegen der allgemeinen Grenzen der menschlichen Erkenntnis. Der Prozeß kann noch heute den Berechtigten um sein Recht, um sein Hab und Gut bringen. Wer in einen Prozeß eintritt, der muß wissen, wie der Soldat, der in den Krieg zieht, daß er sein Schicksal aufs Spiel setzt.

Es ist daher keine Rede davon, daß ein besonderer Rechtsschutzanspruch zugunsten desjenigen bestünde, der in der Sache Recht hat. Ein jeder, ob er recht oder unrecht habe, steht vor dem Gericht gleich, insofern, als das Gericht den Rechtsstoff zu prüfen und danach gerecht zu entscheiden hat, und ein jeder hat seine Parteipflichten, der Gerechte wie der Ungerechte. Ein jeder hat die Chance, daß das Gericht zu seinen Gunsten, ein jeder die Gefahr, daß das Gericht zu seinen Ungunsten entscheidet. Die Erwartung ist allerdings, daß die Entscheidung gerecht ausfalle, allein, dies ist nur eine Erwartung.

Man kann höchstens sagen, daß es ein allgemeines Menschenrecht ist, einen Prozeß zu führen, ebenso wie es ein allgemeines Menschenrecht ist, ein Testament zu machen. Allein dies ist eben der Ausfluß des einen großen Persönlichkeitsrechts, aus dessen Quelle so viele Befugnisse hervorgehen, es ist nicht der Ausfluß einer besonderen Berechtigung, welche demjenigen zusteht, dem die Rechtsordnung recht gibt.

Und wenn der einzelne die Befugnis hat, Prozeßtätigkeiten mit einem bestimmten Erfolge vorzunehmen, so ist dies nur die Folge der aus der menschlichen Persönlichkeit hervorgehenden Befugnis, für die Verwirklichung seiner Interessen tätig zu sein.

§ 38.

Was man vom staatrechtlichen Standpunkt aus vorgebracht hat, um einen Rechtsanspruch des Berechtigten auf Gerichtstätigkeit zu erweisen, ist vollkommen verfehlt und beruht auf völligen Mißverständnissen; es geht schließlich darauf hinaus, daß der Staat, wie das Eigentum, so auch die Person zu berücksichtigen hat; und alles, was man mit einem derartigen Rechtsanspruch hat ausdrücken wollen, ist nichts anderes als Ausfluß des Rechts der Persönlichkeit. Diese wird allerdings verletzt, wenn der Person der gesetzliche Zutritt zu den Staatsanstalten nicht gewährt wird oder wenn der Staat der Persönlichkeit in ihrer Tätigkeit oder Untätigkeit keine Rücksicht schenkt; sie kann verletzt werden, wenn die Staatstätigkeit eine fehlerhafte ist und der Fehler zu einer Verringerung in der Rechtsstellung der Person oder des Vermögens führt.

Aber das Recht der Persönlichkeit läßt sich nicht in einen Anspruch gegen den Staat auflösen: dieser Gedanke ist ebenso unrichtig wie der Gedanke, welcher das Eigentum in einen Anspruch gegen jedermann zersplittert und zerfasert. Der Anspruchsbegriff wird hier gegen seinen eigenen Sinn gebraucht und er wird zu Tode gehetzt wie Mazeppas Pferd; noch mehr, er schleift damit das Persönlichkeitsrecht mit zu Tode. Weder ein Anspruch des Berechtigten auf Rechtshilfe, noch ein Anspruch eines jeden Menschen auf Gerichtstätigkeit, noch auch ein Anspruch auf Freisprechung von seiten dessen, der ungerecht angegriffen wird, läßt sich halten. Alles steht auf gleicher Stufe, wie wenn man etwa einen Anspruch auf alle möglichen Staatstätigkeiten konstruieren wollte.

Denn was heißt Anspruch? Die Befugnis, eine Leistung oder eine Unterlassung zu verlangen zur Aufhebung eines dem individuellen Recht widersprechenden Zustandes. Von Anspruch kann daher nur dann die Rede sein, wenn in der Person des Anspruchsgegners ein dem Recht widersprechender Zustand eingetreten ist, der gehoben werden soll. Daher ist ein Anspruch gegen den Verletzer gegeben, wenn jemand im Eigentum verletzt wird, nicht aber, solange das Eigentum unverletzt fortbesteht. Es ist ein Anspruch gegen den Beamten gegeben, wenn der Beamte mich durch gesetzwidrige Entscheidung in meinem Rechte gekränkt hat, nicht aber, wenn ich einfach bei dem Beamten den Antrag auf eine bestimmte Tätigkeit stelle; denn mein Antrag ist dann einfach Ausfluß meiner Befugnis, als menschliche Persönlichkeit zu wirken; die weitere Wirksamkeit vollzieht der Staat kraft seiner Staatsaufgabe, bei welcher er die Äußerungen des Persönlichkeitsrechtes ebenso zu berücksichtigen hat, wie andere seine Tätigkeit erheischende Ereignisse. Anzunehmen, daß ich einen Anspruch gegen den Staat habe auf alle möglichen Tätigkeiten, soweit es in meinem Interesse liegt, führt zu der verfehlten Anschauung, als ob die Person am archimedischen Punkte stünde und den Staat beliebig in Bewegung setzen könnte, wodurch der für die unendlich vielen Aufgaben tätige Staat zum Diener der Privaten herabgewürdigt würde. Daß ein solcher Mißbrauch des Anspruchsbegriffs zur Steigerung der Menschenrechte beitragen könnte, ist eine Vorstellung, die kaum eine Erwähnung verdient; und was soll man noch zur Vorstellung derjenigen sagen, welche annehmen, daß wir, die Vertreter des Persönlichkeitsrechts, die wir dem Anspruchsbegriff die richtige Bedeutung geben, starre Absolutisten und Sünder an der Freiheit des Volkes seien!

Mit derartigen Mißverständnissen läßt sich überhaupt nicht streiten. Was Anspruchsbegriff ist, hat mit der politischen Stellung gar nichts zu tun, und um so weniger kann ein unrichtiger Gebrauch des Anspruchsbegriffs als ein Zeichen fortgeschrittener Staatsauffassung gelten.

VI. Probleme des Völkerrechts.

§ 39.

Früher teilte man das Völkerrecht ein in ein Recht des Krieges und des Friedens und widmete dem Kriege die reichliche Hälfte der Darstellung; das kriegerische Verhältnis unter Völkern galt als ebenso normal wie das Verhältnis des Friedens. War man doch immer noch von den Reminiszenzen einer Zeit erfüllt, in welcher ein jedes Volk nur für sich selbst sorgte und sich nur gleichsam aus Freundlichkeit und aus mittelbarem Interesse mit den anderen Völkern auf dem Stande gedeihlicher Verhältnisse hielt. Man vertraute daher kaum auf die Wirksamkeit des Rechtes und schenkte ihm wenig Rücksicht; im Kriege aber kam der Gedanke zur Herrschaft, daß der Kriegführende gewisse Schranken wahren müsse, und so trug man hier, allerdings recht unsystematisch, eine Reihe von Vorschriften zusammen — als Gebräuche des Land- und Seekriegs.

So hatte sich früher das Völkerrecht des Friedens auf etliche lose Vertragsverbindungen beschränkt, bei denen wahllos und zusammenhangslos verschiedene Interessenpunkte herausgegriffen und zum

Gegenstand der Vereinbarung gemacht wurden. Die völkerrechtlichen Verträge waren meistens politische Verträge, die nur nebenbei auch wirtschaftliche und geistige Fragen streiften. Außerdem wurde sehr ausführlich das Gesandtschaftsrecht erörtert, und die Etikettenfragen der Gesandten hat man vielfach zu wichtigen Staatsaffären aufgebauscht.

In der neueren Zeit aber hat man angefangen, auch das Völkerrecht des Friedens auszubauen und zwar nach zwei Richtungen hin, einmal, indem nicht zwei einzelne Völker, sondern ein ganzer Verein von Nationen sich zusammentat, um gewisse Kulturinteressen einheitlich zu regeln; und sodann, indem man nicht einzelne Fragen, sondern ganze Zweige des Kulturlebens zum Gegenstand der Vereinbarung machte. Waren früher einzelne wirtschaftliche Punkte, wie z. B. die Regelung internationaler Ströme, oder einzelne humanitäre Fragen, wie z. B. Abschaffung des Sklavenwesens, auf der Tagesordnung, so kamen nun Angelegenheiten des Verkehrs, Post-, Telegraphen-, Telefunkenwesen, Eisenbahnen, Frachtverhältnisse zur gemeinsamen Regelung, ebenso die Ordnung der sanitären Verhältnisse und die Regelung der Maßnahmen gegen schwere Ansteckungskrankheiten. Aber auch geistige Interessen, wie der Schutz des Urheberrechts, wurden zum Gegenstand der Vereinbarung, und auch der Schutz derjenigen geistigen Güter, welche mit unserem gewerblichen Leben eng zusammenhängen, also der Schutz des Patentwesens, Markenwesens und der Schutz der Persönlichkeit gegen Unlauterkeiten im Verkehr. Sodann hat man die strafrechtlichen und strafprozessualischen Interessen der Völker zu vereinigen gesucht; und während früher die Auslieferung von Verbrechern Sache der Einzelverträge war, so wird man mit der Zeit dahin kommen, auch hier gemeinsame Normen unter allen Völkern festzustellen. Hat man doch auch schon im Zivilrecht begonnen, die Rechtshilfe gemeinsam zu regeln. Auch die Stellung der Staaten als Schuldner im Rechtsverkehr muß ihre Ordnung finden, und namentlich drängt unsere Zeit dazu, Bestimmungen zu treffen über den Schutz der Gläubiger, vor allem der Titelgläubiger derjenigen Staaten, welche Darlehnspapiere ausgegeben und sich den Geldgebern aller Völker als Schuldner verschrieben haben.

Auf diese Weise gewinnt das Völkerrecht einen ganz besonderen Charakter: es wird zu einem Rechte des Friedens, welches die Völker vereint und mehr und mehr die Kriege zurückdrängt, weil die Interessen aller Art nur im Frieden gedeihen können und durch die Kriege sehr schwer geschädigt werden.

§ 40.

Der Krieg ist ein anormales Verhältnis, ein Übel, das unter den heutigen Verhältnissen allerdings immer noch als notwendiges Übel erscheinen kann, das aber in allen Fällen die Kennzeichnung des Außergewöhnlichen an sich trägt.

Im übrigen könnte man fragen, ob der Krieg als ein rechtliches Verhältnis der Völker oder als ein Unrechtsverhältnis zu bezeichnen ist. Hier ist zu sagen: der Krieg ist kein Verhältnis des Rechts, denn er wird nicht durch die Grundsätze des Rechts geleitet und zur Entscheidung gebracht, sondern das, was ihn entscheidet, ist die Macht, der sich das Recht fügt, weil es sich ihr fügen muß, weil, wie im bürgerlichen Rechte, so auch im öffentlichen gewisse tatsächliche Verhältnisse notwendig mit gewissen Rechtsfolgen verknüpft sind. Der Krieg ist aber auch kein Unrechtsverhältnis, schon darum nicht, weil man in sehr vielen Fällen den kriegführenden Teilen, wenigstens einem von ihnen, keine Schuld zumessen kann und weil die Folgen durchaus nicht von der Rechtsordnung als Unrechtsfolgen gestaltet sind. Der Krieg ist vielmehr eines jener Verhältnisse, welche weder dem Rechte noch dem Unrechte angehören, ein Verhältnis tatsächlicher Art, welches aber mit Rechtsfolgen verbunden ist, und zwar nicht nur wegen der Verknüpfung der tatsächlichen Verhältnisse, sondern auch deshalb, weil, sobald der Krieg ausbricht, eine Reihe von Regeln gelten, sowohl unter den kriegführenden Teilen als auch bezüglich der dritten (neutralen) Staaten: die Regeln des Krieges und des Neutralitätsrechts.

Hält sich nun die Kriegführung in den Schranken des Völkerrechts, so muß man sagen: die Anwendung der Mittel des Krieges ist zwar nicht eine Rechtshandlung, aber auch keine Unrechtshandlung. Sie ist eine Äußerung des kriegführenden Volkes, die einen von der Rechtsordnung weder positiv, noch negativ berührten Charakter hat, eine im ganzen jenseits des Rechts stehende, aber im einzelnen, nach gewissen Richtungen hin, in die Rechtsordnung eingreifende Handlung.

Daraus ergibt sich von selber: Solche Handlungen können, so sehr sie verletzenden Charakter haben, nicht als Verbrechen oder Vergehen betrachtet werden, wenn sie von einem völkerrechtlich anerkannten Staat und von denjenigen herrühren, die als Organe des Staates tätig sind. Die Tötung im Kriege ist nicht Mord, das Anzünden von Häusern keine Brandstiftung und die Organe des kriegführenden

Staates können nicht wegen Körperverletzung oder Freiheitsberaubung zur Verantwortung gezogen werden.

Wenn daher solche Organe in die Macht des Feindes geraten, so darf man ihnen alles dasjenige, was sie namens ihres Staates geschädigt haben, in keiner Weise zur Last legen. Daraus ergibt sich von selber die Verpflichtung, die Kriegsgefangenen gut zu behandeln und ihnen nicht das entgelten zu lassen, was sie dem Lande an Schaden zugefügt haben. Von dieser Betrachtungsweise war eine frühere Zeit fern; man war noch nicht zu der Auffassung gereift, daß die Tätigkeit des kriegführenden Staates, eben weil sie keine Widerrechtlichkeit ist, alle diejenigen deckt, welche als Organe dieses Staates gehandelt haben.

Die Organe des Staates aber, die im Kriege tätig sind, werden als legitimierte Kombattanten von der übrigen Bevölkerung ausgeschieden, welche keine solche staatliche Legitimation besitzt.

Daraus sollte man den Schluß ziehen, daß nur Kombattanten, wenn sie Kampftätigkeiten vornehmen, unter der rechtlichen Deckung des Staates stehen, und alle diejenigen, welche nicht auf solche Weise legitimiert sind, einfach als Mörder und Brandstifter behandelt würden.

Das ließ sich indes nicht vollkommen durchführen, und gewisse Personen hat man, obgleich sie keine staatliche Legitimation an sich tragen, doch wie Organe des Staates behandelt, indem sie gleichsam als geschäftsführende Helfer dem Staate beistehen. Man verlangt aber, daß sie äußerlich die den Kombattanten entsprechenden Garantien bieten, insbesondere erkennbare Abzeichen an sich tragen, unter einem geregelten Kommando stehen und die Gebräuche des Krieges innehalten.

Derart ist die Stellung der kriegführenden Macht, wenn sie die Gebote des Völkerrechts wahrt; diese aber beruhen auf drei Grundgedanken: 1. Ist der Krieg auch unvermeidlich, so soll doch das Kriegsübel auf das geringste beschränkt werden; nicht als ob man dem Kriege Kraft und Nachdruck nehmen wollte: im Gegenteil, sofern es sich um die Mittel handelt, den Feind zu schwächen, seine Macht zu brechen und dadurch den Krieg zu Ende zu bringen, gestattet man Unheilseinwirkungen der schlimmsten Art; allein jede Unheilseinwirkung soll auf diesen Zweck beschränkt sein: wenn irgendwelche Zerstörungs- oder Beschädigungsarten Leiden bereiten, die für die Kriegszwecke unnötig sind, so sind sie den Bestrebungen des Völkerrechts zuwider. Man führt nicht Krieg, um die Leute zu quälen, man tötet nicht, wenn, um den Feind unfähig zu machen, die Verwundung genügt, man zerstört nicht, wo die Zerstörung nicht dazu beiträgt, die Stellung des Feindes zu schwächen.

Aus diesen Grundgedanken sind die Regeln des modernen Landkriegsrechts hervorgegangen, wie sie in der ersten Haager Konferenz von 1899 festgestellt und in der zweiten Haager Konferenz von 1907 verbessert und erweitert worden sind. Es ergibt sich daraus von selber das Verbot solcher Geschosse, welche nur dazu beitragen, die Verwundungen zu verschlimmern, Qualen zu bereiten oder den an und für sich kampfunfähigen Menschen zu töten. Dahin gehört es auch, daß man den Feind, der sich ergibt, nicht töten, sondern nur zum Kriegsgefangenen machen soll; und dahin gehört es ferner, daß man die Kriegsgefangenen nicht bedrücken und in ihren Rechten verkürzen, sondern sie nur zu dem Zwecke festhalten soll, um sie dem Kriege zu entziehen und dadurch den Gegner zu schwächen. Man macht die Kriegsgefangenen nicht mehr zu Knechten oder Sklaven, man hält sie nicht mehr zurück zum Zwecke des Auskaufs; man entläßt sie nach Friedensschluß, nachdem man sie vorher so behandelt hat wie seine eigenen Leute.

Ein zweiter Gedanke geht dahin: Die Führung des Krieges kann bedeutend menschlicher werden, wenn man eine Reihe von Einrichtungen aufrecht erhält, die, ohne die Energie des Angriffs oder der Verteidigung zu mindern, doch dazu beitragen, die Begleiterscheinung des Krieges zu mäßigen. Von alten Zeiten her hat sich der Brauch herausgestellt, daß im Kriege Abmachungen getroffen und vermittelnde Zwischenträger zugelassen werden. Diese Zwischenträger sind schon bei den Naturvölkern heilig und unverletzlich, und daraufhin hat man bis heutzutage den Satz aufgestellt, daß der Parlamentär und seine Begleitung, der Mann mit der weißen Fahne, sein Dolmetscher und Signalbläser oder Trommler vom Feinde respektiert werden muß.

Andere Bräuche, welche die Härten des Krieges mildern, sind die Entlassung von Kriegsgefangenen gegen Ehrenwort, sofern man darauf bauen darf, daß dieses Ehrenwort gehalten wird, so daß die Leute die Freuden ihrer Heimat genießen können, ohne dem Kriege zu dienen und die Kriegsmacht ihres Staates zu mehren. Ein anderer Grundsatz ist der, daß gewisse heimtückische Schädigungen, welche den Ursprung verleugnen und ebensogut von den Kombattanten wie von der Bevölkerung herrühren können, wie Vergiftungen, unterbleiben sollen. Die Folgen wären, daß sonst die Bevölkerung jeder Brutalität preisgegeben wäre. Man darf daher dem Feinde die Lebensmittel abschneiden, aber es ist nicht gestattet, die Quellen zu vergiften oder ihm ansteckende Krankheiten ins Lager zu schicken. Dies würde die Tätigkeit der Kombattanten und Nichtkombattanten vermengen und die notwendige Scheidung unmöglich machen.

Ein dritter Gedanke ist mit besonderer Lebhaftigkeit von J. J. Rousseau ausgesprochen worden: der Krieg ist gegen den Staat zu führen, nicht gegen die Bevölkerung. Nur der Staat und die Organe des Staates (die Kombattanten und Quasikombattanten) dürfen geschädigt werden, ebenso wie nur sie sich am Kriege beteiligen dürfen. Wenn die Bevölkerung durch Zerstörungen, Requisitionen und dgl. heimgesucht wird, so ist es ein Gebot des Rechts, daß sie volle Entschädigung erhält, weshalb bei Requisitionen mindestens ein Empfangsschein zu geben ist.

Ein vierter Gedanke ist der: jeder Staat hat, auch im Kriege, den anderen Staaten gegenüber volle Rechtsstellung; daher ist das Verhältnis der Invasionsarmee zum Feindeslande eine Rechts-, keine Willkürstellung. Dies erkannte man früher nicht an, weil man nicht davon durchdrungen war, daß die Staaten Rechtssubjekte sind, welche auch im Kriege innerhalb der Kriegszwecke sich zu respektieren haben. Der obige Gedanke hat zur Folge: Leben und Eigentum der Untertanen müssen, soweit es mit den Kriegszwecken verträglich ist, geschont werden; es dürfen der Bevölkerung keine unnötigen Leiden zugefügt werden, und in der Erhebung von Abgaben und auch, was die Kontributionen betrifft, muß eine gewisse gerechte Verteilung stattfinden; sodann kann zwar das Eigentum des feindlichen Staates in Besitz und Verwaltung genommen werden, aber auch dies nur nach den Grundsätzen einer ordentlichen Staatsverwaltung und in der Art, daß die Einnahmequellen zwar benutzt, aber nicht raubbaumäßig erschöpft, daß insbesondere auch die Anstalten der Bildung, Kunst und Wissenschaft möglichst geschont werden.

§ 41.

Die Idee des ewigen Friedens ist im Augenblick noch utopisch. Allein es läßt sich nicht behaupten, daß sie der Menschheit ständig und für alle Zeiten ein bloßes Ideal bleiben wird. Die Mittel, die man seit einem Jahrhundert in Anwendung bringt, um durch Schiedssprüche völkerrechtliche Streitigkeiten zu begleichen, spielen heutzutage eine sehr große Rolle. Es war insbesondere ein großer Fortschritt, durch Aufstellung eines ständigen Schiedshofes (im Haag) und durch Vereinbarungen in Staatsverträgen der Idee schiedsgerichtlicher Entscheidung den Charakter der Ausnahme zu entziehen, sowie durch Aufstellung eines bestimmt geordneten Verfahrens die Erledigung solcher Streitigkeiten zu fördern.

Ein weiteres Hilfsmittel des Friedens liegt in dem Zusammenschluß der Völker und ihrer Verbindung zur Pflege gemeinsamer Kulturinteressen: je inniger diese Verbindung ist, eine um so größere Störung wird der Krieg herbeiführen, und um so weniger werden sich die Staaten zu kriegerischen Angriffen verstehen. Ein außerordentliches Mittel, den Ausbruch von Kriegen zu verhindern, besteht darin, daß die Völker zu Bündnissen zusammentreten und einander gewisse Rechte und Zustände zusichern; sind wir einmal so weit, daß sämtliche Kulturvölker eine feste Vereinigung mit gemeinsamen Behörden bilden, dann wird die Zeit nahe sein, in der die kriegerischen Ausbrüche verschwinden. Es verhält sich hier wie seinerzeit, als die Blutrache erlosch, weil die Geschlechter und Familien zu einem Staatsganzen zusammentraten und der Entscheidung der Gerichte ihre Zwistigkeiten unterwarfen.

Das Mittelalter träumte von einem Kaisertum, dem es beschieden sei, die Streitigkeiten christlicher Völker zu begleichen. Dieses Weltkaisertum ist erloschen, denn ihm fehlten gegenüber der landesherrlichen Gewalt die Mittel, eine so hohe Idee durchzuführen. Näher liegt die Idee eines Gesamtstaates, der als Bundesstaat über den Einzelstaaten thront; aber diese Idee steht in weiter Ferne und setzt eine Vereinheitlichung der Kultur voraus, die wir einstweilen kaum zu hoffen wagen. Ihr wird jedenfalls ein allgemeiner Staatenbund vorhergehen, indem die Staaten sich als Gesellschafter zu gemeinsamen Kulturzwecken zusammenschließen, ohne einen einheitlichen Gesamtbundesstaat zu bilden: auch der Staatenbund kann die Aufgabe verfolgen, die Zwistigkeiten unter den einzelnen Beteiligten auszugleichen und die Änderungen zu beschließen, die notwendig sind, um den ruhigen Fortgang der Kultur zu wahren.

Was den Friedensbestrebungen noch am meisten entgegensteht, ist folgendes: Ursachen der Kriege sind durchaus nicht immer völkerrechtliche Verletzungen, sondern wirtschaftliche oder völkerschaftliche Schwierigkeiten, in welche ein Volk durch die geographische oder völkersoziologische Gestaltung der Dinge gebracht ist und welche es nur dadurch lösen zu können glaubt, daß der gegenwärtige Stand der völkerrechtlichen Verhältnisse geändert wird. So wenn z. B. eine zersprengte Nationalität sich einigen oder ein Volk, welches einen regen Handelsdrang in sich fühlt, unter allen Umständen Küstenland haben will, um von da aus einen Seeverkehr zu betreiben, oder wenn ein Land so zerstückelt ist, daß es notwendig einen territorialen Zusammenschluß der Stückteile erlangen zu müssen glaubt, oder endlich, wenn ein Volk sich dadurch bedrängt fühlt, daß ein anderes ihm durch wirtschaftliche Maßnahmen die Entwickelung von Handel und Gewerbe verwehrt und ihm keine Gelegenheit zur Entfaltung seiner friedlichen Kräfte beläßt.

Es muß zugestanden werden, daß viele Kriege diesen Bestrebungen entstammt sind und daß es Schwierigkeiten hat, derartige Mißlichkeiten einer höheren Entscheidung zu unterwerfen, da diese Entscheidung nicht nach Rechtsgrundsätzen, sondern nach den Geboten völkerschaftlicher Zweckmäßigkeit ausfallen müßte und da der Zwiespalt der Interessen in solchen Fällen auch starke subjektive Feindseligkeiten zu erzeugen pflegt. Allein auch hier ist die Möglichkeit nicht ausgeschlossen, daß sich allmählich gewisse Grundsätze der Ausgleichung entwickeln und daß die Lösung solcher völkerschaftlichen Probleme von den Nationen leidenschaftslos übernommen wird. Wenn einmal auch in dieser Beziehung im Laufe der Jahrhunderte die Bahn geebnet ist, dann wird die Zeit des Weltfriedens ebenso herannahen, wie die Zeit des staatlichen Friedens eingetreten ist, nachdem innerhalb des Staates die allgemeine Gesetzgebung den Familien und Geschlechtern die Möglichkeit gewährt hat, sich friedlich zu entfalten, so daß ihre entgegengesetzten Interessen und Bestrebungen in einer höheren Einheit zusammenschmolzen, wodurch die Blutrache von selbst beseitigt und eine der schwersten Geißeln der Menschheit verdrängt wurde. Heutzutage ist nur das eine wesentlich, dieses Problem scharf ins Auge zu fassen und unter Berücksichtigung der geschichtlichen Erfahrung über die Grundsätze solcher Ausgleichung nachzusinnen; tun wir dies, dann wird der Gedanke uns nie verlassen, daß der Friedensengel einst auch hier erscheinen wird. Wir können den Weltfrieden erst in Jahrhunderten erlangen; allein wir müssen heutzutage dafür wirken, daß dieses Geschenk des Himmels unseren Urenkeln zuteil wird. Es hieße, an der Geschichte verzweifeln, wollte man die Probleme beiseite lassen, die sich erst in der fernen Zukunft lösen lassen. Wer glaubt, wir müßten die Hände in den Schoß legen, weil das Ziel sich nicht schon morgen erreichen läßt, der gleicht dem Naturmenschen, der nicht sät, weil er nicht in einer Woche ernten kann.

Bemerkungen

Zu S. 9: Das hat allerdings Spinoza noch unvollkommen erkannt: allein Spinoza ist auch nicht das Musterbild unseres Pantheismus, sondern nur ein unvollständiger Vertreter; unser Pantheismus reicht in die geweihten Zeiten der großen indischen Philosophie hinein und berührt sich mit den Ideen der Sufiten, des Averroes und des Mystikers Ekkehard! Des weiteren kann ich auf meine Schrift „Geist des Christentums" verweisen.

Zu S. 15: Literatur bei Rohland, Willensfreiheit und ihre Gegner S. 2ff., dazu Krieg, der Wille und die Freiheit in der neueren Philosophie (1898), Kneib, Willensfreiheit und innere Verantwortlichkeit (1898), Lehmkuhl, der Selbstmord und die Mißhandlung der Statistik, in den Stimmen aus Maria Laach XXII. S. 345ff., Koch, Schopenhauers Abhandlung über die Freiheit des menschlichen Willens (1891). Vor allem aber Thomas von Aquin Summa Theol. I 82 und 83. Sodann die höchst bedeutsame neuere französische philosophische Literatur, Fonsegrive, Essai sur le libre arbitre, Saleilles, L'individualisation de la peine (1898 S. 153f.), sodann Renouvier, Boutroux, Milhard, Remacle, Bergson.

Zu S. 20: Vgl. Duns Scotus de rerum principio qu. 3 art. 3 § 21: Quamvis autem haec volita in se et in suis causis proximis habeant contingentiam, relata tamen ad divinum intuitum et beneplacitum sic eveniunt, ut sunt praevolita et praevisa. Hierzu Seeberg, Duns Scotus S. 154, 225. Man vergleiche auch die lehrreichen Ausführungen von Leibniz über die notwendigen und die zufälligen Wahrheiten (in Philos. Bibl. 108 S. 500).

Zu S. 21: Treffend heißt es auch bei Reinstadler, Elementa philosoph. scholasticae II S. 108: Ponere vero hominem libere agentem non est ponere effectum sine causa, sed est ponere causam, quae effectum sine determinatione intrinseca producit, vel ponere effectum, qui producitur a causa libere sese ad agendum determinante. Und S. 109: Principium enim rationis sufficientis est: „Nihil sine ratione sufficienti", i. e. (si ad actiones speciatim hoc principium applicamus) nulla fit actio, quin huius actionis sit ratio sufficiens. Non autem vis est: Omnibus ad agendum sufficienter dispositis omnis causa necessario agit. Vgl. auch Cathrein, Moralphilosophie I S. 42ff.

Zu S. 24: So auch vorzüglich Dante im Convito IV 22: Similmente può esser per molta correzione e coltura che là dove questo seme dal principio non cade, si puote indurre del suo processo sì che perviene a questo frutto. Ed è un modo quasi d'insetare l'altrui natura sopra diversa radice.

Zu S. 24: Daß die Reue wenigstens eine Wahrscheinlichkeit für die Annahme eines freien Willens ergibt, wird auch von Gegnern anerkannt, vgl.

Stern in meinem Archiv f. Strafrecht S. 51. 392. Übrigens ist die Reue nicht ein bloß sittliches Gefühl; auch ein wirtschaftlicher, auch ein eigensüchtiger Fehlentschluß wird Reue zur Folge haben.

Zu S. 25: Vgl. Bâdarâyana II 21 u. 22 Çankaras Kommentar und dazu meine Abhandlung im Arch. f. Rechtsphil. V S. 1 f.

Zu S. 28: Die so viel geschmähte Scholastik hat diese Begriffe mit großer Schärfe erfaßt und steht weit über den rückständigen Unklarheiten dieser Neueren. So sagt Reinstadler, Elementa philosophiae scholasticae (1904) II S. 96:

Libertas psychologica duplex distinguitur, nimirum libertas a coactione et libertas a necessitate.

a) Libertas a coactione est immunitas a vi externa determinante ad aliquid contra entis inclinationem. Quae libertas deest e. g. in eo, qui invitus trahitur in carcerem.

b) Libertas a necessitate est immunitas a determinatione intrinseca inclinante facultatem ad unum actum ita, ut non possit illum non exercere. Positive proinde libertas a necessitate consistit in facultate sese ipsum ad talem agendi modum determinandi, est: perfectio, qua facultas habet dominium sui actus. Libertas a necessitate vocatur etiam liberum arbitrium vel libertas arbitrii, quia „nihil aliud est quam vis electiva".

So auch zusammenfassend (ebenda II S. 97): haec merito statui potest liberi arbitrii definitio essentialis: „voluntatis facultas, qua, positis omnibus ad agendum praerequisitis, potest agere vel non agere."

Zu S. 35: Die Scholastiker, wie Duns Scotus, nennen diese Geneigtheit den habitus der Seele. Thomas v. Aquin erklärt in der Summa I 83 a 1: ex hujusmodi dispositione homo inclinatur ad eligendum aliquid vel repudiandum. Sed istae inclinationes subjacent judicio rationis, cui obedit inferior appetitus. Und so auch des Thomas Schüler Dante in Purg. XVIII 67 ff.:

Color che ragionando andâro al fondo
s'accorser d'esta innata libertate,
però moralità lasciâro al mondo.

Onde, pognam che di necessitate
surga ogni amor che dentro a voi s'accende:
Di ritenerlo è in voi la potestate;

was ich folgendermaßen umschrieben habe:

Doch Menschengeist vermag die Kraft zu binden,
er kann die Triebe zähmen; ihre Lust
kann ernster Wille siegreich überwinden.

Wenn die Begierden keimen in der Brust,
kann er verschließen seines Busens Pforte:
Die Tat wirkt frei und ihrer selbst bewußt.

Vgl. hierzu meine Schrift: Dante als Prophet S. 21.

Zu S. 36: Vgl. meine Schriften: Wesen der Strafe S. 10, Grundriß des Strafrechts S. 3 f.

Zu S. 37: Die Scholastik, welche von der individualistischen Gerechtigkeit Gottes ausging, betrachtete dieses Problem als unlöslich. Vgl. Dante Paradiso II 130: o predestinazion, quanto rimota è la radice tua! Vgl. auch Thomas von Aquin, Summa theol. I 23a. 5. Nach uns liegt die Lösung in der die Individualistik überragenden sozialen Gestaltung der Weltgeschichte.

Zu S. 42: Über die bisherigen Versuche vgl. Grundriß des Strafrechts S. 74 und Gedanken über die Ziele des heutigen Strafrechts S. 24.

Zu S. 44: Wenn die Statistik lehrt, daß von 100000 der Bevölkerung im Jahre 1882 996 Leute und im Jahre 1910 1173 Leute bestraft wurden, so muß man dabei in Betracht ziehen, daß eine ganze Menge von Kleinigkeiten zur Bestrafung gelangen, namentlich auch auf Grund von neueren Nebengesetzen — Bestrafungen, welche durchaus nicht von einer depravierten Bevölkerung zeugen.

Was die Roheitsverbrechen und Diebstähle betrifft, so möchte ich nur aus der Statistik folgende Zahlen anführen:

	1899	1900	1901	1902	1903	1904	1905	1906	1907	1908	1909	1910
Gefährl. Körperverletzg. .	245	237	248	243	236	239	232	230	218	220	207	201
Schwere Körperverletzg. .	1,6	1,5	1,6	1,5	1,3	1,4	1,3	1,2	1,2	1,2	1,3	1,2
Mord... ...	0,20	0,23	0,21	0,26	0,21	0,23	0,22	0,22	0,19	0,18	0,21	0,20
Totschlag....	0,41	0,41	0,40	0,45	0,40	0,43	0,43	0,39	0,44	0,47	0,43	0,46
Einfach. Diebstahl.......	179	181	190	191	182	176	175	179	178	189	180	174
Schwer. Diebstahl.......	24	23	26	28	26	24	25	28	28	32	33	32

Merkwürdig ist die günstige Stellung des weiblichen Geschlechtes. Während im Jahre 1910 auf 100000 straffähige Männer 2043 bestrafte kamen, so nur 365 Frauen, was hauptsächlich damit zusammenhängt, daß die Männer einmal mehr zu Roheitsverbrechen neigen und sodann den Kampf ums Dasein mit all seinen Schrecken in viel stärkerem Maße zu überstehen haben als die Frauen.

Beunruhigend ist nur die steigende Kriminalität der Jugendlichen. Von 100000 waren im Jahre 1882 568 und 1910 659 bestraft, allein auch hier ist nicht eine regelmäßige Steigerung zu konstatieren, sondern im Jahre 1906 war die Bestrafung 764. Der Grund dieser Zunahme ist der mangelnde Jugendschutz, und von der Einwirkung dieser Fürsorge ist eine beträchtliche Besserung der Zustände zu erwarten, aber natürlich erst im Laufe der Jahre.

Zu S. 51: Vgl. meine Schrift: Verbrechertypen in Shakespeares Dramen.

Zu S. 61: Vgl. Hellwig, Arch. f. Strafrecht 60 S. 27.

Aus Natur und Geisteswelt

Jeder Band geheftet M. 1.—, in Leinwand gebunden M. 1.25

Rechtswissenschaft

Strafe und Verbrechen. Geschichte und Organisation des Gefängniswesens. Von Kgl. Strafanstaltsdirektor Dr. Paul Pollitz. Bd. 323.

Gibt einen allgemeinverständlichen Überblick über das gesamte Gebiet des Strafvollzugs und der Verbrechensbekämpfung, indem es nach einer Darstellung der Geschichte der diesbezüglichen Anschauungen und Einrichtungen, von der unbeschränkten Herrschaft des Rachegedankens und der Körperkraft bis zu der modernen Sozialisierung der Kriminalpolitik die gegenwärtigen Zustände in Deutschland sowohl wie in anderen Kulturstaaten schildert und dabei vor allem die heute aktuellen Probleme der Reform des Strafvollzugs kritisch beleuchtet.

Die Psychologie des Verbrechers. Von Kgl. Strafanstaltsdirektor Dr. Paul Pollitz. Mit Diagrammen. Bd. 248.

Gibt an einer reichen Auswahl von Beispielen aus der Literatur wie der eigenen Praxis eine umfassende Übersicht über unser Wissen von der Psychologie des Verbrechers und des Verbrechens, das es nach einer Musterung der bisher aufgestellten Theorien als Produkt sozialer und wirtschaftlicher Verhältnisse, defekter geistiger Anlage, wie persönlicher verbrecherischer Tendenz auffaßt und so in seiner Abhängigkeit von Geschlecht, Alter, Erziehung, Beruf, von Geisteskrankheit, Alkoholismus, Prostitution, wie in den Eigenarten des jugendlichen, Sittlichkeits-, gewerbs- und gewohnheitsmäßigen Verbrechers darzustellen sucht, auch Aberglaube, Verbrechersprache und Tätowierung erörternd.

Verbrechen und Aberglaube. Skizzen aus der volkskundlichen Kriminalistik. Von Dr. Albert Hellwig. Bd. 212.

Gibt interessante Bilder aus dem Gebiete des kriminellen Aberglaubens, z. B. von modernen Hexenprozessen, dem Vampyrglauben, von Besessenen und Geisteskranken, Wechselbälgen, Sympathiekuren, Blut und Menschenfleisch als Heilmittel, Totenfetische, verborgene Schätze, Meineidszeremonien, Kinderraub durch Zigeuner u. a. m.

Das deutsche Zivilprozeßrecht. Von Rechtsanwalt Dr. Max Strauß. Bd. 315.

Gibt zum erstenmal einen allgemeinverständlichen Überblick über das Gesamtgebiet des deutschen Zivilprozeßrechts in seiner neuen durch die Zivilprozeßrechtsreform geschaffenen Gestalt und bringt so nach einer kurzen historischen Einleitung eine Darstellung zunächst der allgemeinen für das Gebiet geltenden Bestimmungen, so das des Verfahrens in seinen verschiedenen Stadien, der Beweis- und der Rechtsmittel, die verschiedenen Spezialverfahren, endlich der Zwangsvollstreckung und des schiedsrichterlichen Verfahrens.

Ehe und Eherecht. Von Professor Dr. Ludwig Wahrmund. Bd. 115.

Schildert in gedrängter Fassung die historische Entwicklung des Ehebegriffes nach seiner natürlichen, sittlichen und rechtlichen Seite und untersucht das Verhältnis von Staat und Kirche auf dem Gebiet des Eherechtes, behandelt darüber hinaus aber auch alle jene Fragen über die rechtliche Stellung der Frau und besonders der Mutter, die immer lebhafter die öffentliche Meinung beschäftigen.

Aus Natur und Geisteswelt

Jeder Band geheftet M. 1.—, in Leinwand gebunden M. 1.25

Rechtswissenschaft

Die Miete nach dem Bürgerlichen Gesetzbuch. Ein Handbüchlein für Juristen, Mieter und Vermieter. Von Rechtsanwalt Dr. Max Strauß. Bd. 194.

Gibt in der Absicht, Mieter und Vermieter über ihr gegenseitiges Verhältnis aufzuklären und so zur Vermeidung vieler oft nur aus der Unkenntnis der gesetzlichen Bestimmungen entspringenden Mietprozesse beizutragen, eine gemeinverständliche Darstellung des Mietrechts, die durch Aufnahme der umfangreichen Literatur sowie der Entscheidungen höchster Gerichtshöfe auch dem praktischen Juristen als Handbuch zu dienen vermag.

Der gewerbliche Rechtsschutz in Deutschland. Von Patentanwalt Bernhard Tolksdorf. Bd. 138.

Nach einem allgemeinen Überblick über Entstehung und Entwicklung des gewerblichen Rechtsschutzes und einer Bestimmung der Begriffe Patent und Erfindung wird zunächst das deutsche Patentrecht behandelt, wobei der Gegenstand des Patentes, der Patentberechtigte, das Verfahren in Patentsachen, die Rechte und Pflichten des Patentinhabers, das Erlöschen des Patentrechtes und die Verletzung und Anmaßung des Patentschutzes erörtert werden. Sodann wird das Muster- und Warenzeichenrecht dargestellt und dabei besonders Art und Gegenstand der Muster, ihre Nachbildung, Eintragung, Schutzdauer und Löschung klargelegt. Ein weiterer Abschnitt befaßt sich mit den internationalen Verträgen und dem Ausstellungsschutz. Zum Schlusse wird noch die Stellung der Patentanwälte besprochen.

Das Recht des kaufmännischen Angestellten. Von Rechtsanwalt Dr. Max Strauß. (Bd. 361.)

Will durch eine allgemeinverständliche, unparteiische Darstellung der Rechtsverhältnisse des Handlungsgehilfen, Handlungsreisenden, Prokuristen und Handlungslehrlings dem sozialen Frieden dadurch dienen, daß es die beiden Gruppen der Prinzipale und Angestellten über ihre gegenseitigen Rechte und Pflichten aufklärt und hierdurch zur Verminderung der so häufig mit erbitterter Hartnäckigkeit geführten Prozesse beiträgt.

Die Jurisprudenz im häuslichen Leben. Für Familie und Haushalt dargestellt von Rechtsanwalt Paul Bienengräber. 2 Bände. Bd. 219/220.

Band I: Die Familie. Bd. 219. — Band II: Der Haushalt. Bd. 220.

Behandelt in anregender, durch zahlreiche, dem täglichen Leben entnommene Beispiele belebter Darstellung alle in Familie und Haushalt vorkommenden Rechtsfragen und Rechtsfälle, so Rechtsfähigkeit der Ehegatten und der Kinder, Annahme an Kindesstatt und Erbrecht, ferner die für Rechtsgeschäfte geltenden allgemeinen Grundsätze sowie insbesondere Besitz und Eigentum, Kauf und Darlehen, Werk- und Dienstvertrag und namentlich auch die Rechtsverhältnisse der Dienstboten.

Die moderne Friedensbewegung. Von Alfred H. Fried. Bd. 157.

Entwickelt das Wesen und die Ziele der Friedensbewegung, gibt dann eine Darstellung der Schiedsgerichtsbarkeit in ihrer Entwicklung und gegenwärtigem Umfang mit besonderer Berücksichtigung der hohen Bedeutung der Haager Friedenskonferenz, beschäftigt sich hierauf mit dem Abrüstungsproblem und gibt zum Schluß einen eingehenden Überblick über die Geschichte der Friedensbewegungen und eine chronologische Darstellung der für sie bedeutsamen Ereignisse.

Aus Natur und Geisteswelt

Sammlung wissenschaftlich-gemeinverständlicher Darstellungen aus allen Gebieten des Wissens

Jeder Band ist in sich abgeschlossen und einzeln käuflich

Jeder Band geh. M. 1.—, in Leinwand geb. M. 1.25.

Übersicht nach Wissenschaften geordnet.

Allgemeines Bildungswesen. Erziehung und Unterricht.

Das deutsche Bildungswesen in seiner geschichtlichen Entwicklung. Von weil. Prof. Dr. Friedrich Paulsen. 3. Aufl. Von Prof. Dr. W. Münch. Mit einem Bildnis Paulsens. (Bd. 100.)

Der Leipziger Student von 1409—1909. Von Dr W. Bruchmüller. Mit 25 Abb. (Bd. 273.)

Geschichte des deutschen Schulwesens. Von Oberrealschuldirektor Dr. K. Knabe. (Bd. 85.)

Das deutsche Unterrichtswesen der Gegenwart. Von Oberrealschuldirektor Dr. K. Knabe. (Bd. 299.)

Allgemeine Pädagogik. Von Prof. Dr. Th. Ziegler. 3. Aufl. (Bd. 33.)

Experimentelle Pädagogik mit besonderer Rücksicht auf die Erziehung durch die Tat. Von Dr. W. A. Lay. 2. Aufl. Mit 2 Abb. (Bd. 224.)

Psychologie des Kindes. Von Prof. Dr. R. Gaupp. 3. Aufl. Mit 18 Abb. (Bd. 213.)

Moderne Erziehung in Haus und Schule. Von J. Tews. 2. Aufl. (Bd. 159.)

Großstadtpädagogik. Von J. Tews. (Bd. 327.)

Schulkämpfe der Gegenwart. Von J. Tews. 2. Aufl. (Bd. 111.)

Die höhere Mädchenschule in Deutschland. Von Oberlehrerin M. Martin. (Bd. 65.)

Vom Hilfsschulwesen. Von Rektor Dr. B. Maennel. (Bd. 73.)

Das deutsche Fortbildungsschulwesen. Von Direktor Dr. Fr. Schilling. (Bd. 256.)

Die Knabenhandarbeit in der heutigen Erziehung. Von Seminar-Dir. Dr. A. Pabst. Mit 21 Abb. u. 1 Titelbild. (Bd. 140.)

Das moderne Volksbildungswesen. Bücher- und Lesehallen, Volkshochschulen und verwandte Bildungseinrichtungen in den wichtigsten Kulturländern in ihrer Entwicklung seit der Mitte des neunzehnten Jahrhunderts. Von Stadtbibliothekar Dr. G. Fritz. Mit 14 Abb. (Bd. 266.)

Die amerikanische Universität. Von Ph. D. E. D. Perry. Mit 22 Abb. (Bd. 206.)

Technische Hochschulen in Nordamerika. Von Prof. S. Müller. Mit zahlr. Abb., Karte u. Lageplan. (Bd. 190.)

Volksschule und Lehrerbildung der Vereinigten Staaten. Von Dir. Dr. F. Kuypers. Mit 48 Abb u. 1 Titelbild. (Bd. 150.)

Deutsches Ringen nach Kraft und Schönheit. Aus den literarischen Zeugnissen eines Jahrhunderts gesammelt. Von Turninspektor K. Möller. 2 Bde. Band II: In Vorb. (Bd. 188/189.)

Schulhygiene. Von Prof. Dr. L. Burgerstein. 3. Aufl. Mit 33 Fig. (Bd. 96.)

Jugend-Fürsorge. Von Waisenhaus-Direktor Dr. J. Petersen. 2 Bde. (Bd. 161. 162.)

Pestalozzi. Sein Leben und seine Ideen. Von Prof. Dr. P. Natorp. 2. Aufl. Mit 1 Bildnis u. 1 Brieffaksimile. (Bd. 250.)

Herbarts Lehren und Leben. Von Pastor O. Flügel. Mit 1 Bildnisse Herbarts. (Bd. 164.)

Friedrich Fröbel. Sein Leben und sein Wirken. Von A. von Portugall. Mit 5 Tafeln. (Bd. 82.)

Religionswissenschaft.

Einführung in die Theologie: Von Pastor M. Cornils. (Bd. 347.)

Leben und Lehre des Buddha. Von weil. Prof. Dr. R. Pischel. 2. Aufl. von Prof. Dr. H. Lüders. Mit 1 Tafel. (Bd. 109.)

Germanische Mythologie. Von Prof. Dr. J. v. Negelein. 2. Aufl. (Bd. 95.)

Mystik im Heidentum und Christentum. Von Dr. E. Lehmann. (Bd. 217.)

Palästina und seine Geschichte. Von Prof. Dr. H. Freiherr von Soden. 3. Aufl. Mit 2 Karten, 1 Plan u. 6 Ansichten. (Bd. 6.)

Palästina und seine Kultur in fünf Jahrtausenden. Von Gymnasialoberlehrer Dr. P. Thomsen. Mit 36 Abb. (Bd. 260.)

Die Grundzüge der israelitischen Religionsgeschichte. Von Prof. Dr. Fr. Giesebrecht. 2. Aufl. (Bd. 52)

Aus Natur und Geisteswelt.

Jeder Band geheftet M. 1.—, in Leinwand gebunden M. 1.25.

Die Gleichnisse Jesu. Zugleich Anleitung zu einem quellenmäßigen Verständnis der Evangelien. Von Lic. Prof. Dr. H. Weinel. 3. Aufl. (Bd. 46.)

Wahrheit und Dichtung im Leben Jesu. Von Pfarrer D. P. Mehlhorn. 2. Aufl. (Bd. 137.)

Jesus und seine Zeitgenossen. Geschichtliches und Erbauliches. Von Pastor C. Bonhoff. (Bd. 89.)

Der Text des Neuen Testamentes nach seiner geschichtlichen Entwicklung. Von Div.-Pfarrer A. Pott. Mit 8 Tafeln. (Bd. 134.)

Der Apostel Paulus und sein Werk. Von Prof. Dr. E. Vischer. (Bd. 309.)

Christentum und Weltgeschichte. Von Prof. Dr. K. Sell. 2 Bde. (Bd. 297. 298.)

Aus der Werdezeit des Christentums. Studien und Charakteristiken. Von Prof. Dr. J. Geffcken. 2. Aufl. (Bd. 54.)

Luther im Lichte der neueren Forschung. Ein kritischer Bericht. Von Prof. Dr. H. Boehmer. 2. Aufl. Mit 2 Bildn. Luthers. (Bd. 113.)

Johann Calvin. Von Pfarrer Dr. G. Sodeur. Mit 1 Bildnis. (Bd. 247.)

Die Jesuiten. Eine historische Skizze. Von Prof. Dr. H. Boehmer. 3. Aufl. (Bd. 49.)

Die religiösen Strömungen der Gegenwart. Von Superintendent D. A. H. Braasch. 2. Auflage. (Bd. 66.)

Die Stellung der Religion im Geistesleben. Von Lic. Dr. P. Kalweit. (Bd. 225.)

Religion und Naturwissenschaft in Kampf und Frieden. Ein geschichtlicher Rückblick. Von Dr. A. Pfannkuche. 2. Aufl. (Bd. 141.)

Die evangelische Mission. Von Pastor Baudert. (Bd. 406.)

Philosophie und Psychologie.

Einführung in die Philosophie. Von Prof. Dr. G. Richter. 3. Aufl. (Bd. 155.)

Die Philosophie. Einführung in die Wissenschaft, ihr Wesen und ihre Probleme. Von Realschuldirektor H. Richert. 2. Aufl. (Bd. 186.)

Aesthetik. Von Dr. R. Hamann. (Bd. 345.)

Führende Denker. Geschichtliche Einleitung in die Philosophie. Von Prof. Dr. J. Cohn. 2. Aufl. Mit 6 Bildn. (Bd. 176.)

Entstehung der Welt und der Erde. Von Prof. Dr. B. Weinstein. 2. Aufl. (Bd. 223.)

Griechische Weltanschauung. Von Privatdoz. Dr. M. Wundt. (Bd. 329.)

Die Weltanschauungen der großen Philosophen der Neuzeit. Von weil. Prof. Dr. L. Busse. 5. Aufl., herausgegeben von Prof. Dr. R. Falckenberg. (Bd. 56.)

Die Philosophie der Gegenwart in Deutschland. Eine Charakteristik ihrer Hauptrichtungen. Von Prof. Dr. O. Külpe. 5. Aufl. (Bd. 41.)

Rousseau. Von Prof. Dr. P. Hensel. 2. Aufl. Mit 1 Bildn. (Bd. 180.)

Immanuel Kant. Darstellung und Würdigung. Von Prof. Dr. O. Külpe. 3. Aufl. Mit 1 Bildn. (Bd. 146.)

Schopenhauer. Seine Persönlichkeit, seine Lehre, seine Bedeutung. Von Realschuldirektor H. Richert. 2. Aufl. Mit 1 Bildnis. (Bd. 81.)

Herbarts Lehren und Leben. Von Pastor O. Flügel. Mit 1 Bildn. (Bd. 164.)

Herbert Spencer. Von Dr. K. Schwarze. Mit 1 Bildn. (Bd. 245.)

Aufgaben und Ziele des Menschenlebens. Von Dr. J. Unold. 3. Aufl. (Bd. 12.)

Prinzipien der Ethik. Von E. Wentscher. (Bd. 397.)

Sittliche Lebensanschauungen der Gegenwart. Von weil. Prof. Dr. O. Kirn. 2. Aufl. (Bd. 177.)

Das Problem der Willensfreiheit. Von Prof. Dr. G. F. Lipps. (Bd. 383.)

Die Mechanik des Geisteslebens. Von Prof. Dr. M. Verworn. 2. Aufl. Mit 18 Fig. (Bd. 200.)

Die Seele des Menschen. Von Prof. Dr. J. Rehmke. 3. Aufl. (Bd. 36.)

Psychologie des Kindes. Von Prof. Dr. R. Gaupp. 3. Aufl. Mit 18 Abb. (Bd. 213.)

Hypnotismus und Suggestion. Von Dr. E. Trömner. (Bd. 199.)

Literatur und Sprache.

Die Sprachstämme des Erdkreises. Von weil. Prof. Dr. F. N. Finck. (Bd. 267.)

Die Haupttypen des menschlichen Sprachbaues. Von weil. Prof. Dr. F. N. Finck. (Bd. 268.)

Rhetorik. Richtlinien für die Kunst des Sprechens. Von Dr. E. Geißler. (Bd. 310.)

Wie wir sprechen. Von Dr. E. Richter. (Bd. 354.)

Die deutschen Personennamen. Von Direktor A. Bähnisch. (Bd. 296.)

Germanische Mythologie. Von Prof. Dr. J. v. Negelein. (Bd. 95.)

Minnesang. Von Dr. J. W. Bruinier. (Bd. 404.)

Das deutsche Volkslied. Über Wesen und Werden des deutschen Volksgesanges. Von Dr. J. W. Bruinier. 4. Aufl. (Bd. 7.)

Aus Natur und Geisteswelt.

Jeder Band geheftet M. 1.—, in Leinwand gebunden M. 1.25

Die deutsche Volkssage. Von Dr. O. Böckel. (Bd. 262.)

Das Theater. Schauspielhaus und Schauspielkunst vom griech. Altertum bis auf die Gegenwart. Von Dr. Chr. Gaehde. 2. Aufl. Mit 20 Abb. (Bd. 230.)

Das Drama. Von Dr. B. Busse. Mit Abbildungen. 2 Bde. (Bd. 287/288.)
Bd. I: Von der Antike zum französischen Klassizismus. (Bd. 287.)
Bd. II: Von Versailles bis Weimar. (Bd. 288.)

Geschichte der deutschen Lyrik seit Claudius. Von Dr. H. Spiero. (Bd. 254.)

Geschichte der deutschen Frauendichtung seit 1800. Von Dr. H. Spiero. (Bd. 390.)

Lessing. Von Dr. Ch. Schrempf. (Bd. 403.) (In Vorber.)

Schiller. Von Prof. Dr. Th. Ziegler. Mit Bildnis Schillers. 2. Aufl. (Bd. 74.)

Das deutsche Drama des neunzehnten Jahrhunderts. In seiner Entwicklung dargestellt von Prof. Dr. G. Witkowski. 4. Aufl. Mit 1 Bildn. Hebbels. (Bd. 51.)

Deutsche Romantik. Von Prof. Dr. O. F. Walzel. 2. Aufl. (Bd. 232.)

Friedrich Hebbel. Von Dr. A. Schapire-Neurath. Mit 1 Bildn. Hebbels. (Bd. 238.)

Gerhart Hauptmann. Von Prof. Dr. E. Sulger-Gebing. Mit 1 Bildn. Gerhart Hauptmanns. (Bd. 283.)

Shakespeare und seine Zeit. Von Prof. Dr. E. Sieper. Mit 3 Taf. u. 3 Textb. 2. Aufl. (Bd. 185.)

Byzantinische Charakterköpfe. Von Dr. K. Dieterich. Mit 2 Bildn. (Bd. 244.)

Der französische Roman und die Novelle. Von O. Flake. (Bd. 377.)

Henrik Ibsen, Björnstjerne Björnson und ihre Zeitgenossen. Von weil. Prof. Dr. B. Kahle. Mit 7 Bildn. (Bd. 193.)

Kunst und Musik.

Bau und Leben der bildenden Kunst. Von Dir. Prof. Dr. Th. Volbehr. Mit 44 Abb. (Bd. 68.)

Die Ästhetik. Von Dr. R. Hamann. (Bd. 345.)

Die Entwicklungsgeschichte der Stile in der bildenden Kunst. Von Dr. E. Cohn-Wiener. 2 Bde. Mit zahlr. Abb. (Bd. 317/318.)
Band I: Vom Altertum bis zur Gotik. Mit 57 Abb. (Bd. 317.)
Band II: Von der Renaissance bis zur Gegenwart. Mit 31 Abb. (Bd. 318.)

Die Blütezeit der griechischen Kunst im Spiegel der Reliefsarkophage. Eine Einführung in die griechische Plastik. Von Dr. H. Wachtler. Mit 8 Taf. u. 32 Abb. (Bd. 272.)

Deutsche Baukunst im Mittelalter. Von Prof. Dr. A. Matthaei. 3. Aufl. Mit 29 Abb. (Bd. 8.)

Deutsche Baukunst seit dem Mittelalter bis zum Ausgang des 18. Jahrhunderts. Von Prof. Dr. A. Matthaei. Mit 62 Abb. u. 3 Taf. (Bd. 326.)

Die Renaissancearchitektur in Italien. Von Dr. P. Frankl. Mit 12 Tafeln und 27 Textabbildungen. (Bd. 381.)

Die deutsche Illustration. Von Prof. Dr. R. Kautzsch. Mit 35 Abb. (Bd. 44.)

Deutsche Kunst im täglichen Leben bis zum Schlusse des 18. Jahrhunderts. Von Prof. Dr. B. Haendcke. Mit 63 Abb. (Bd. 198.)

Michelangelo. Eine Einführung in das Verständnis seiner Werke. Von E. Hildebrandt. Mit 44 Abb. (Bd. 392.)

Albrecht Dürer. Von Dr. R. Wustmann. Mit 33 Abb. (Bd. 97.)

Rembrandt. Von Prof. Dr. P. Schubring. Mit 50 Abb. (Bd. 158.)

Niederländische Malerei im 17. Jahrhundert. Von Dr. H. Jantzen. Mit zahlr. Abbild. (Bd. 373.)

Der Impressionismus. Von Prof. Dr. B. Lázár. Mit 32 Abb. u. einer farbigen Tafel. (Bd. 395.)

Ostasiatische Kunst und ihr Einfluß auf Europa. Von Direktor Prof. Dr. R. Graul. Mit 49 Abb. (Bd. 87.)

Kunstpflege in Haus und Heimat. Von Superintendent Richard Bürkner. 2. Aufl. Mit 29 Abb. (Bd. 77.)

Geschichte der Gartenkunst. Von Reg.-Baum. Chr. Ranck. Mit 41 Abb. (Bd. 274.)

Die Grundlagen der Tonkunst. Versuch einer genetischen Darstellung der allgemeinen Musiklehre. Von Prof. Dr. H. Rietsch. (Bd. 178.)

Einführung in das Wesen der Musik. Von Prof. C. R. Hennig. (Bd. 119.)

Musikalische Harmonik. Von E. G. Kallenberg. (Bd. 386.)

Klavier, Orgel, Harmonium. Das Wesen der Tasteninstrumente. Von Prof. Dr. O. Bie. (Bd. 325.)

Geschichte der Musik. Von Dr. Fr. Spiro. (Bd. 143.)

Haydn, Mozart, Beethoven. Von Prof. Dr. C. Krebs. Mit 4 Bildn. (Bd. 92.)

Die Blütezeit der musikalischen Romantik in Deutschland. Von Dr. E. Istel. Mit 1 Silhouette. (Bd. 239.)

Das Kunstwerk Richard Wagners. Von Dr. E. Istel. Mit 1 Bildnis R. Wagners. (Bd. 330.)

Das moderne Orchester in seiner Entwicklung. Von Prof. Dr. Fr. Volbach. Mit Partiturbeisp. und 3 Tafeln. (Bd. 308.)

Die Instrumente des Orchesters. Von Prof. Dr. Fr. Volbach. (Bd. 384.)

Geschichte und Kulturgeschichte.

Das Altertum im Leben der Gegenwart. Von Prof. Dr. P. Cauer. (Bd. 356.)

Kulturbilder aus griechischen Städten. Von Oberlehrer Dr. E. Ziebarth. 2. Aufl. Mit 23 Abb. u. 2 Tafeln. (Bd. 131.)

Antike Wirtschaftsgeschichte. Von Dr. O. Neurath. (Bd. 258.)

Pompeji, eine hellenistische Stadt in Italien. Von Prof. Dr. Fr. v. Duhn. 2. Aufl. Mit 62 Abb. (Bd. 114.)

Soziale Kämpfe im alten Rom. Von Privatdoz. Dr. L. Bloch. 2. Aufl. (Bd. 22.)

Roms Kampf um die Weltherrschaft. Von Prof. Dr. J. Kromayer. (Bd. 368.)

Byzantinische Charakterköpfe. Von Privatdoz. Dr. K. Dieterich. Mit 2 Bildn. (Bd. 244.)

Germanische Kultur in der Urzeit. Von Prof. Dr. G. Steinhausen. 2. Aufl. Mit 13 Abb. (Bd. 75.)

Mittelalterliche Kulturideale. Von Prof. Dr. V. Vedel. 2 Bde.
Bd. I: Heldenleben. (Bd. 292.)
Bd. II: Ritterromantik. (Bd. 293.)

Deutsches Frauenleben im Wandel der Jahrhunderte. Von Dir. Dr. E. Otto. 2. Aufl. Mit 27. Abb. (Bd. 45.)

Deutsches Verfassungsrecht in geschichtlicher Entwicklung. Von Prof. Dr. E. Hubrich. 2. Aufl. (Bd. 80.)

Deutsche Städte und Bürger im Mittelalter. Von Prof. Dr. B. Heil. 3. Aufl. Mit zahlr. Abb. u. 1 Doppeltafel. (Bd. 43.)

Historische Städtebilder aus Holland und Niederdeutschland. Von Reg.-Baum. a. D. A. Erbe. Mit 59 Abb. (Bd. 117.)

Das deutsche Dorf. Von R. Mielke. Mit 51 Abb. (Bd. 192.)

Das deutsche Haus und sein Hausrat. Von Prof. Dr. R. Meringer. Mit 106 Abb. (Bd. 116.)

Kulturgeschichte des deutschen Bauernhauses. Von Reg.-Baum. Chr. Ranck. Mit 70 Abb. (Bd. 121.)

Geschichte des deutschen Bauernstandes. Von Prof. Dr. H. Gerdes. Mit 21 Abb. (Bd. 320.)

Das deutsche Handwerk in seiner kulturgeschichtlichen Entwicklung. Von Dir. Dr. E. Otto. 4. Aufl. Mit 27 Abb. (Bd. 14.)

Deutsche Volksfeste und Volkssitten. Von H. S. Rehm. Mit 11 Abb. (Bd. 214.)

Deutsche Volkstrachten. Von Pfarrer C. Spieß. (Bd. 342.)

Familienforschung. Von Dr. E. Devrient. (Bd. 350.)

Die Münze als hist. Denkmal sowie ihre Bedeutung im Rechts- und Wirtschaftsleben. Von Prof. Dr. A. Luschin v. Ebengreuth. Mit 53 Abb. (Bd. 91.)

Das Buchgewerbe und die Kultur. Sechs Vorträge, gehalten im Auftrage des Deutschen Buchgewerbevereins. Mit 1 Abb. (Bd. 182.)

Schrift- und Buchwesen in alter und neuer Zeit. Von Prof. Dr. O. Weise. 3. Aufl. Mit 37 Abb. (Bd. 4.)

Das Zeitungswesen. Von Dr. H. Diez. (Bd. 328.)

Der Kalender. Von Prof. Dr. W. F. Wislicenus. (Bd. 69.)

Das Zeitalter der Entdeckungen. Von Prof. Dr. S. Günther. 3. Aufl. Mit 1 Weltk. (Bd. 26.)

Von Luther zu Bismarck. 12 Charakterbilder aus deutscher Geschichte. Von Prof. Dr. O. Weber. 2. Aufl (Bd. 123. 124.)

Die Jesuiten. Eine historische Skizze. Von Prof. Dr. H. Boehmer. 3. Aufl. (Bd. 29.)

Friedrich der Große. Sechs Vorträge. Von Prof. Dr. Th. Bitterauf. Mit 2 Bildn. (Bd. 246.)

Geschichte der Französischen Revolution. Von Prof. Dr. Th. Bitterauf. (Bd. 346.)

Napoleon I. Von Prof. Dr. Th. Bitterauf. 2. Aufl. Mit 1 Bildn. (Bd. 195.)

Politische Hauptströmungen in Europa im 19. Jahrh. Von Prof. Dr. K. Th. v. Heigel. 2. Aufl. (Bd. 129.)

Restauration und Revolution. Skizzen zur Entwicklungsgeschichte der deutschen Einheit. Von Prof. Dr. R. Schwemer. 3. Aufl. (Bd. 37.)

Die Reaktion und die neue Ära. Skizzen zur Entwicklungsgeschichte der Gegenwart. Von Prof. Dr. R. Schwemer. 2. Aufl. (Bd. 101.)

Vom Bund zum Reich. Neue Skizzen zur Entwicklungsgeschichte der deutschen Einheit. Von Prof. Dr. R. Schwemer. 2. Aufl. (Bd. 102.)

1848. Sechs Vorträge. Von Prof. Dr. O. Weber. 2. Aufl. (Bd. 53.)

Österreichs innere Geschichte von 1848 bis 1907. Von Richard Charmatz. 2 Bde. 2. Aufl. Band I: Die Vorherrschaft der Deutschen. (Bd. 242). Band II: Der Kampf der Nationen. (Bd. 243.)

Geschichte der auswärtigen Politik Österreichs im 19. Jahrhundert. Von R. Charmatz (Bd. 374.)

Englands Weltmacht in ihrer Entwicklung vom 17. Jahrhundert bis auf unsere Tage. Von Prof. Dr. W. Langenbeck. 2 Aufl. Mit 19 Bildn. (Bd. 174.)

Geschichte der Vereinigten Staaten von Amerika. Von Prof. Dr. E. Daenell. (Bd. 147.)

Die Amerikaner. Von N. M. Butler. Deutsche Ausg. bes. von Prof. Dr. W. Paszkowski. (Bd. 319.)

Vom Kriegswesen im 19. Jahrhundert. Von Major O. v. Sothen. Mit 9 Übersichtsk. (Bd. 59.)

Der Krieg im Zeitalter des Verkehrs und der Technik. Von Hauptmann A. Meyer. Mit 3 Abb. (Bd. 271.)

Der Seekrieg. Eine geschichtliche Entwicklung vom Zeitalter der Entdeckungen bis zur Gegenwart. Von K. Freiherrn von Maltzahn, Vize-Admiral a. D. (Bd. 99.)

Geschichte des Welthandels. Von Prof. Dr. M. G. Schmidt. 2. Aufl. (Bd. 118.)

Geschichte des deutschen Handels. Von Prof. Dr. W. Langenbeck. (Bd. 237.)

Geschichte des deutschen Schulwesens. Von Oberrealschuldirektor Dr. K. Knabe. (Bd. 85.)

Der Leipziger Student von 1409 bis 1909. Von Dr. W. Bruchmüller. Mit 25 Abb. (Bd. 273.)

Die moderne Friedensbewegung. Von A. H. Fried. (Bd. 157.)

Rechts- und Staatswissenschaft. Volkswirtschaft.

Grundzüge der Verfassung des Deutschen Reiches. Von Prof. Dr. E. Loening. 4. Aufl. (Bd. 34.)

Deutsches Verfassungsrecht in geschichtlicher Entwicklung. Von Prof. Dr. Ed. Hubrich. 2. Aufl. (Bd. 80.)

Moderne Rechtsprobleme. Von Prof. Dr. J. Kohler. 3. Aufl. (Bd. 128.)

Die Psychologie des Verbrechers. Von Dr. P. Pollitz. Mit 5 Diagrammen. (Bd. 248.)

Strafe und Verbrechen. Von Dr. P. Pollitz. (Bd. 323.)

Verbrechen und Aberglaube. Skizzen aus der volkskundlichen Kriminalistik. Von Dr. A. Hellwig. (Bd. 212.)

Das deutsche Zivilprozeßrecht. Von Rechtsanw. Dr. M. Strauß. (Bd. 315.)

Ehe und Eherecht. Von Prof. Dr. L. Wahrmund. (Bd. 115.)

Der gewerbliche Rechtsschutz in Deutschland. Von Patentanw. B. Tolksdorf. (Bd. 138.)

Die Reichsversicherung. Die Kranken-, Invaliden-, Hinterbliebenen-, Unfall- und Angestelltenversicherung nach der Reichsversicherungsordnung und dem Versicherungsgesetz für Angestellte. Von Landesversicherungsassessor H. Seelmann. (Bd. 380.)

Die Miete nach dem B. G.-B. Ein Handbüchlein für Juristen, Mieter und Vermieter. Von Rechtsanw. Dr. M. Strauß. (Bd. 194.)

Das Wahlrecht. Von Reg.-Rat Dr. O. Poensgen. (Bd. 249.)

Die Jurisprudenz im häuslichen Leben. Für Familie und Haushalt dargestellt. Von Rechtsanw. P. Bienengräber. 2 Bde. (Bd. 219. 220.)

Finanzwissenschaft. Von Prof Dr. S. P. Altmann. (Bd. 306.)

Soziale Bewegungen und Theorien bis zur modernen Arbeiterbewegung. Von G. Maier. 4. Aufl. (Bd. 2.)

Geschichte der sozialistischen Ideen im 19. Jahrh. Von Privatdoz. Dr. Fr. Muckle. 2 Bände. (Bd. 269. 270.) Band I: Der rationale Sozialismus. (Bd. 269.) Band II: Proudhon und der entwicklungsgeschichtliche Sozialismus. (Bd 270.)

Geschichte des Welthandels. Von Prof. Dr. M. G. Schmidt. 2. Aufl. (Bd. 118.)

Geschichte d. deutschen Handels. Von Prof. Dr. W. Langenbeck. (Bd. 237.)

Deutschlands Stellung in der Weltwirtschaft. Von Prof. Dr. P. Arndt. 2. Aufl. (Bd. 179.)

Deutsches Wirtschaftsleben. Auf geographischer Grundlage geschildert. Von weil. Prof. Dr. Chr. Gruber. 3. Aufl. Neubearb. von Dr. H. Reinlein. (Bd. 42.)

Die Ostmark. Eine Einführung in die Probleme ihrer Wirtschaftsgeschichte. Von Prof. Dr. W. Mitscherlich. (Bd. 351.)

Die Entwicklung des deutschen Wirtschaftslebens im letzten Jahrh. Von Prof. Dr. L. Pohle. 3. Aufl. (Bd. 57.)

Das Hotelwesen. Von Paul Damm-Etienne. Mit 30 Abb. (Bd. 331.)

Das deutsche Handwerk. Von Dir. Dr. E. Otto. 4. Aufl. Mit 27 Abb. (Bd. 14.)

Die deutsche Landwirtschaft. Von Dr. W. Claaßen. Mit 15 Abb. u. 1 Karte. (Bd. 215.)

Geschichte des deutschen Bauernstandes. Von Prof. Dr. H. Gerdes. Mit 21 Abb. (Bd. 320.)

Innere Kolonisation. Von A. Brenning. (Bd 261.)

Das Deutschtum im Ausland. Von Prof Dr. R. Hoeniger. (Bd 402.)

Antike Wirtschaftsgeschichte. Von Dr. O. Neurath. (Bd. 258.)

Aus dem amerikanischen Wirtschaftsleben. Von Prof. J. L. Laughlin. Mit 9 graph. Darst. (Bd. 127.)

Die Japaner in der Weltwirtschaft. Von Prof. Dr. K. Rathgen 2. Aufl (Bd 72.)

Die Gartenstadtbewegung. Von Generalsekr. H. Kampffmeyer. Mit 43 Abb. 2. Aufl. (Bd. 259.)

Das internationale Leben der Gegenwart. Von A. H. Fried. Mit 1 Tafel (Bd 226.)

Bevölkerungslehre. Von Prof. Dr M. Haushofer. (Bd. 50.)

Arbeiterschutz und Arbeiterversicherung. Von Prof. Dr. O. v. Zwiedineck-Südenhorst. 2 Aufl (Bd. 78.)

Das Recht der kaufmännischen Angestellten. Von Rechtsanwalt Dr. M. Strauß. (Bd. 361.)

Die Konsumgenossenschaft. Von Prof. Dr. F. Staudinger. (Bd. 222.)

Das Geld und sein Gebrauch. Von G. Maier (Bd. 398.)

Die Münze als histor. Denkmal sowie ihre Bedeutung im Rechts- und Wirtschaftsleben. Von Prof Dr. A. Luschin v. Ebengreuth. Mit 53 Abb. (Bd. 91.)

Die moderne Frauenbewegung. Ein geschichtlicher Überblick. Von Dr. K. Schirmacher. 2. Aufl. (Bd. 67.)

Die Frauenarbeit. Ein Problem des Kapitalismus. Von Prof. Dr. R. Wilbrandt. (Bd. 106.)

Grundzüge des Versicherungswesens. Von Prof. Dr. A. Manes. 2. Aufl (Bd. 105.)

Verkehrsentwicklung in Deutschland. 1800—1900 (fortgeführt bis zur Gegenwart). Vorträge über Deutschlands Eisenbahnen und Binnenwasserstraßen, ihre Entwicklung und Verwaltung sowie ihre Bedeutung für die heutige Volkswirtschaft. Von Prof. Dr. W Lotz 3. Aufl. (Bd. 15.)

Das Postwesen, seine Entwicklung und Bedeutung. Von Postr. J. Bruns (Bd. 165.)

Die Telegraphie in ihrer Entwicklung und Bedeutung. Von Postr. J. Bruns. Mit 4 Fig. (Bd. 183.)

Deutsche Schiffahrt und Schiffahrtspolitik der Gegenwart. Von Prof. Dr. K. Thieß. (Bd. 169.)

Erdkunde.

Mensch und Erde. Skizzen von den Wechselbeziehungen zwischen beiden. Von weil. Prof. Dr. A. Kirchhoff. 3. Aufl. (Bd. 31.)

Die Polarforschung. Geschichte der Entdeckungsreisen zum Nord- und Südpol von den ältesten Zeiten bis zur Gegenwart Von Prof. Dr. K. Hassert. 2 Aufl. Mit 6 Karten. (Bd. 38.)

Die Städte. Geographisch betrachtet. Von Prof. Dr. K. Hassert. Mit 21 Abb. (Bd. 163.)

Wirtschaftl. Erdkunde. Von weil. Prof Dr. Chr. Gruber. 2. Aufl. Bearbeitet von Prof Dr. K Dove. Bd. 122.)

Politische Geographie. Von Dr. E. Schöne. (Bd. 353.)

Die deutschen Volksstämme und Landschaften. Von Prof. Dr. O. Weise. 4. Aufl. Mit 29 Abb. (Bd 16.)

Ostseegebiet. Von Privatdozent Dr. G. Braun (Bd. 367.)

Die Alpen. Von H. Reishauer. Mit 26 Abb. u. 2 Karten. (Bd. 276.)

Die deutschen Kolonien. (Land und Leute.) Von Dr. A. Heilborn. 3. Aufl. Mit 26 Abb. u. 2 Karten. (Bd. 98.)

Unsere Schutzgebiete nach ihren wirtschaftlichen Verhältnissen. Im Lichte der Erdkunde dargestellt. Von Dr. Chr. G. Barth. (Bd. 290.)

Australien und Neuseeland Land, Leute und Wirtschaft. Von Prof Dr. R. Schachner. (Bd. 366.)

Der Orient. Eine Länderkunde. Von E. Banse. 3 Bde. Mit zahlr. Abb. u. Karten. (Bd. 277. 278. 279.)
Band I: Die Atlasländer. Marokko, Algerien, Tunesien. Mit 15 Abb., 10 Kartenskizzen, 3 Diagr. u. 1 Tafel. (Bd. 277.) Band II: Der arabische Orient. Mit 29 Abb. u. 7 Diagr. (Bd. 278.) Band III: Der arische Orient. Mit 34 Abb., 3 Kartenskizzen u. 2 Diagr. (Bd. 279.)

Anthropologie. Heilwissenschaft und Gesundheitslehre.

Die Eiszeit und der vorgeschichtliche Mensch. Von Prof. Dr. G. Steinmann. Mit 24 Abb. (Bd. 302.)

Mensch und Erde. Skizzen von den Wechselbeziehungen zwischen beiden. Von weil. Prof. Dr. A. Kirchhoff. 3. Aufl. (Bd. 31)

Der Mensch der Urzeit. Vier Vorlesungen aus der Entwicklungsgeschichte des Menschengeschlechts. Von Dr A. Heilborn. 2. Aufl. Mit zahlr. Abb. (Bd. 62.)

Die moderne Heilwissenschaft. Wesen und Grenzen des ärztlichen Wissens. Von Dr. E. Biernacki. Deutsch von Dr. S. Ebel. (Bd. 25.)

Hypnotismus und Suggestion. Von Dr. E. Trömner. (Bd. 199.)

Der Arzt. Seine Stellung und Aufgaben im Kulturleben der Gegenwart. Ein Leitfaden der sozialen Medizin. Von Dr. med. M. Fürst. (Bd. 265.)

Der Aberglaube in der Medizin und seine Gefahr für Gesundheit und Leben. Von Prof. Dr. D. von Hansemann. (Bd. 83.)

Arzneimittel und Genußmittel. Von Prof. Dr. O. Schmiedeberg. (Bd. 363.)

Bau und Tätigkeit des menschlichen Körpers. Von Prof. Dr. H. Sachs. 3. Aufl. Mit 37 Abb. (Bd. 32.)

Die Anatomie des Menschen. Von Prof. Dr. K. v. Bardeleben. 5 Bde. Mit zahlr. Abb. (Bd. 201. 202. 203. 204. 263.) I. Teil: Allg. Anatomie und Entwicklungsgeschichte. Mit 69 Abb. (Bd. 201.) II. Teil: Das Skelett. Mit 53 Abb. (Bd. 202.) III. Teil: Das Muskel- und Gefäßsystem. Mit 68 Abb. (Bd. 203.) IV. Teil: Die Eingeweide (Darm, Atmungs-, Harn- u. Geschlechtsorgane). Mit 38 Abb. (Bd. 204.) V. Teil: Statik und Mechanik des menschlichen Körpers. Mit 20 Abb. (Bd. 263.)

Die Chirurgie unserer Zeit. Von Prof. Dr. Feßler. Mit 52 Abb. (Bd. 339.)

Acht Vorträge aus der Gesundheitslehre. Von weil. Prof. Dr. H. Buchner. 3. Aufl., besorgt von Prof. Dr. M. v. Gruber. Mit 26 Abb. (Bd. 1.)

Herz, Blutgefäße und Blut und ihre Erkrankungen. Von Prof. Dr. H. Rosin. Mit 18 Abb. (Bd. 312.)

Das menschliche Gebiß, seine Erkrankung und Pflege. Von Zahnarzt Fr. Jäger. Mit 24 Abb. (Bd. 229.)

Körperliche Verbildungen im Kindesalter und ihre Verhütung. Von Dr. M. David. Mit 26 Abb. (Bd. 321.)

Schulhygiene. Von Prof. Dr. L. Burgerstein. 3. Aufl. Mit 43 Fig. (Bd. 96.)

Vom Nervensystem, seinem Bau und seiner Bedeutung für Leib und Seele in gesundem und krankem Zustande. Von Prof. Dr. R. Zander. 2. Aufl. Mit 27 Fig. (Bd. 48.)

Die fünf Sinne des Menschen. Von Prof. Dr. J. K. Kreibig. 2. Aufl. Mit 30 Abb. (Bd. 27.)

Das Auge des Menschen und seine Gesundheitspflege. Von Prof. Dr. med. G. Abelsdorff. Mit 15 Abb. (Bd. 149.)

Die menschliche Stimme und ihre Hygiene. Von Prof. Dr. P. H. Gerber. 2. Aufl. Mit 20 Abb. (Bd. 136.)

Die Geschlechtskrankheiten, ihr Wesen, ihre Verbreitung, Bekämpfung und Verhütung. Von Generalarzt Prof. Dr. W. Schumburg. 2. Aufl. Mit 4 Abb. und 1 Tafel. (Bd. 251.)

Die Tuberkulose, ihr Wesen, ihre Verbreitung, Ursache, Verhütung und Heilung. Von Generalarzt Prof. Dr. W. Schumburg. 2. Aufl. Mit 1 Tafel und 8 Figuren. (Bd. 47.)

Die krankheiterregenden Bakterien. Von Privatdoz. Dr. M. Loehlein. Mit 33 Abb. (Bd. 307.)

Geisteskrankheiten. Von Anstaltsoberarzt Dr. G. Ilberg. (Bd. 151.)

Krankenpflege. Von Chefarzt Dr. B. Leick. (Bd. 152.)

Gesundheitslehre für Frauen. Von weil. Privatdoz. Dr. R. Sticher. Mit 13 Abb. (Bd. 171.)

Der Säugling, seine Ernährung und seine Pflege. Von Dr. W. Kaupe. Mit 17 Abb. (Bd. 154.)

Der Alkoholismus. Von Dr. G. B. Gruber. Mit 7 Abb. (Bd. 103.)

Ernährung und Volksnahrungsmittel. Von weil. Prof. Dr. J. Frentzel. 2. Aufl. Neu bearb. von Geh. Rat Prof. Dr. N. Zuntz. Mit 7 Abb. u. 2 Tafeln. (Bd. 19.)

Die Leibesübungen und ihre Bedeutung für die Gesundheit. Von Prof. Dr. R. Zander. 3. Aufl. Mit 19 Abb. (Bd. 13.)

Naturwissenschaften. Mathematik.

Naturwissenschaften u. Mathematik im klassischen Altertum. Von Prof. Dr. Joh. L. Heiberg. (Bd. 370.)

Die Grundbegriffe der modernen Naturlehre. Von Prof. Dr. F. Auerbach. 3. Aufl. Mit 79 Fig. (Bd. 40.)

Die Lehre von der Energie. Von Dr. A. Stein. Mit 13 Fig. (Bd. 257.)

Moleküle — Atome — Weltäther. Von Prof. Dr. G. Mie. 3. Aufl. Mit 27 Fig. (Bd. 58.)

Die großen Physiker und ihre Leistungen. Von Prof. Dr. F. A. Schulze. Mit 7 Abb. (Bd. 324.)

Werdegang der modernen Physik. Von Dr. H. Keller. (Bd. 343.)

Einleitung in die Experimentalphysik. Von Prof. Dr. R. Börnstein. Mit 90 Abb. (Bd. 371.)

Das Licht und die Farben. Von Prof. Dr. L. Graetz. 3. Aufl. Mit 117 Abb. (Bd. 17.)

Sichtbare und unsichtbare Strahlen. Von Prof. Dr. R. Börnstein u. Prof. Dr. W. Marckwald. 2. Aufl. Mit 85 Abb. (Bd. 64.)

Die optischen Instrumente. Von Dr. M. v. Rohr. 2. Aufl. Mit 84 Abb. (Bd. 88.)

Das Auge und die Brille. Von Dr. M. von Rohr. Mit 84 Abb. u. 1 Lichtdrucktafel. (Bd. 372.)

Spektroskopie. Von Dr. L. Grebe. Mit 62 Abb. (Bd. 284.)

Aus Natur und Geisteswelt.

Jeder Band geheftet M. 1.—, in Leinwand gebunden M. 1.25.

Das Mikroskop, seine Optik, Geschichte und Anwendung. Von Dr. W. Scheffer. Mit 66 Abb. (Bd. 35.)

Das Stereoskop und seine Anwendungen. Von Prof. Th. Hartwig. Mit 40 Abb. u. 19 Taf. (Bd. 135.)

Die Lehre von der Wärme. Von Prof. Dr. R. Börnstein. Mit 33 Abb. (Bd. 172.)

Die Kälte, ihr Wesen, ihre Erzeugung und Verwertung. Von Dr. H. Alt. Mit 45 Abb. (Bd. 311.)

Luft, Wasser, Licht und Wärme. Neun Vorträge aus dem Gebiete der Experimental-Chemie. Von Prof. Dr. R. Blochmann. 3. Aufl. Mit 115 Abb. (Bd. 5.)

Das Wasser. Von Privatdoz. Dr. O. Anselmino. Mit 44 Abb. (Bd. 291.)

Natürliche und künstliche Pflanzen- und Tierstoffe. Von Dr. B. Bavink. Mit 7 Fig. (Bd. 187.)

Die Erscheinungen des Lebens. Von Prof. Dr. H. Miehe. Mit 40 Fig. (Bd. 130.)

Abstammungslehre und Darwinismus. Von Prof. Dr. R. Hesse. 4. Aufl. Mit 37 Fig. (Bd. 39.)

Experimentelle Abstammungs- und Vererbungslehre. Von Dr. H. Lehmann. (Bd. 379.)

Experimentelle Biologie. Von Dr. C. Thesing. Mit Abb. 2 Bde. Band I: Experimentelle Zellforschung. (Bd. 336.) Band II: Regeneration, Transplantation und verwandte Gebiete. (Bd. 337.)

Einführung in die Biochemie. Von Prof. Dr. W. Löb. (Bd. 352.)

Der Befruchtungsvorgang, sein Wesen und seine Bedeutung. Von Dr. E. Teichmann. 2. Aufl. Mit 7 Abb. und 4 Doppeltaf. (Bd. 70.)

Das Werden und Vergehen der Pflanzen. Von Prof. Dr. P. Gisevius. Mit 24 Abb. (Bd. 173.)

Vermehrung und Sexualität bei den Pflanzen. Von Prof. Dr. E. Küster. Mit 38 Abb. (Bd. 112.)

Unsere wichtigsten Kulturpflanzen (die Getreidegräser). Von Prof. Dr. K. Giesenhagen. 2. Aufl. Mit 38 Fig. (Bd. 10.)

Die fleischfressenden Pflanzen. Von Dr. A. Wagner. Mit Abb. (Bd. 344.)

Der deutsche Wald. Von Prof. Dr. H. Hausrath. Mit 15 Abb. u. 2 Karten. (Bd. 153.)

Die Pilze. Von Dr. A. Eichinger. Mit 54 Abb. (Bd. 334.)

Weinbau und Weinbereitung. Von Dr. F. Schmitthenner. (Bd. 332.)

Der Obstbau. Von Dr. E. Voges. Mit 13 Abb. (Bd. 107.)

Unsere Blumen und Pflanzen im Zimmer. Von Prof. Dr. U. Dammer. (Bd. 359.)

Unsere Blumen und Pflanzen im Garten. Von Prof. Dr. U. Dammer. (Bd. 360.)

Geschichte der Gartenkunst. Von Reg.-Baum. Chr. Ranck. Mit 41 Abb. (Bd. 274.)

Kolonialbotanik. Von Prof. Dr. F. Tobler. Mit 21 Abb. (Bd. 184.)

Kaffee, Tee, Kakao und die übrigen narkotischen Getränke. Von Prof. Dr. A. Wieler. Mit 24 Abb. u. 1 Karte. (Bd. 132.)

Die Milch und ihre Produkte. Von Dr. A. Reitz. (Bd. 326.)

Die Pflanzenwelt des Mikroskops. Von Bürgerschullehrer E. Reukauf. Mit 100 Abb. (Bd. 181.)

Die Tierwelt des Mikroskops (die Urtiere). Von Prof. Dr. R. Goldschmidt. Mit 39 Abb. (Bd. 160.)

Die Beziehungen der Tiere zueinander und zur Pflanzenwelt. Von Prof. Dr. K. Kraepelin. (Bd. 79.)

Der Kampf zwischen Mensch und Tier. Von Prof. Dr. K. Eckstein. 2. Aufl. Mit 51 Fig. (Bd. 18.)

Tierkunde. Eine Einführung in die Zoologie. Von weil. Privatdoz. Dr. K. Hennings. Mit 34 Abb. (Bd. 142.)

Vergleichende Anatomie der Sinnesorgane der Wirbeltiere. Von Prof. Dr. W. Lubosch. Mit 107 Abb. (Bd. 282.)

Die Stammesgeschichte unserer Haustiere. Von Prof. Dr. C. Keller. Mit 28 Fig. (Bd. 252.)

Die Fortpflanzung der Tiere. Von Prof. Dr. R. Goldschmidt. Mit 77 Abb. (Bd. 253.)

Tierzüchtung. Von Dr. G. Wilsdorf. (Bd. 369.)

Deutsches Vogelleben. Von Prof. Dr. A. Voigt. (Bd. 221.)

Vogelzug und Vogelschutz. Von Dr. W. R. Eckardt. Mit 6 Abb. (Bd. 218.)

Korallen und andere gesteinbildende Tiere. Von Prof. Dr. W. May. Mit 45 Abb. (Bd. 231.)

Lebensbedingungen und Verbreitung der Tiere. Von Prof. Dr. O. Maas. Mit 11 Karten u. Abb. (Bd. 139.)

Die Bakterien. Von Prof. Dr. E. Gutzeit. Mit 13 Abb. (Bd. 233.)

Die Welt der Organismen. In Entwicklung und Zusammenhang dargestellt. Von Prof. Dr. K. Lampert. Mit 52 Abb. (Bd. 236.)

Zwiegestalt der Geschlechter in der Tierwelt (Dimorphismus). Von Dr. Fr. Knauer. Mit 37 Fig. (Bd. 148.)

Die Ameisen. Von Dr. Fr. Knauer. Mit 61 Fig. (Bd. 94.)

Das Süßwasser-Plankton. Von Prof. Dr. O. Zacharias. 2. Aufl. Mit 49 Abb. (Bd. 156.)

Aus Natur und Geisteswelt.

Jeder Band geheftet M. 1.—, in Leinwand gebunden M. 1.25.

Meeresforschung und Meeresleben. Von Dr. O. Janson. 2. Aufl. Mit 41 Fig. (Bd. 30.)

Das Aquarium. Von E. W. Schmidt. Mit 15 Fig. (Bd. 335.)

Wind und Wetter. Von Prof. Dr. L. Weber. 2. Aufl. Mit 28 Fig. u. 3 Tafeln. (Bd. 55.)

Gut und schlecht Wetter. Von Dr. R. Hennig. (Bd. 349.)

Der Kalender. Von Prof. Dr. W. F. Wislicenus. (Bd. 69.)

Der Bau des Weltalls. Von Prof. Dr. J. Scheiner. 3. Aufl. Mit 26 Fig. (Bd. 24.)

Entstehung der Welt und der Erde nach Sage und Wissenschaft. Von Prof. Dr. B. Weinstein. 2. Aufl. (Bd. 223.)

Aus der Vorzeit der Erde. Von Prof. Dr. Fr. Frech. In 6 Bdn. 2. Aufl. Mit zahlr. Abbildungen. (Bd. 207—211, 61.) Band I: Vulkane einst und jetzt. Mit 80 Abb. (Bd. 207.) Band II: Gebirgsbau und Erdbeben. Mit 57 Abb. (Bd. 208.) Band III: Die Arbeit des fließenden Wassers. Mit 51 Abb. (Bd. 209.) Band IV: Die Arbeit des Ozeans und die chemische Tätigkeit des Wassers im allgemeinen. Mit 1 Titelbild und 51 Abb. (Bd. 210.) Band V: Kohlenbildung und Klima der Vorzeit. (Bd. 211.) Band VI: Gletscher einst und jetzt. 2. Aufl. (Bd. 61.)

Die Metalle. Von Prof. Dr. K. Scheid. 2. Aufl. Mit 16 Abb. (Bd. 29.)

Radium und Radioaktivität. Von Dr. M. Centnerszwer. (Bd. 405.)

Das Salz. Von Dr. C. Riemann. (Bd. 407.)

Unsere Kohlen. Von Bergassessor Kukuk. (Bd. 396.)

Das astronomische Weltbild im Wandel der Zeit. Von Prof. Dr. S. Oppenheim. 2. Aufl. Mit 24 Abb. (Bd. 110.)

Probleme der modernen Astronomie. Von Prof. Dr. S. Oppenheim. (Bd. 355.)

Astronomie in ihrer Bedeutung für das praktische Leben. Von Prof. Dr. A. Marcuse. Mit 26 Abb. (Bd. 378.)

Die Sonne. Von Dr. A. Krause. Mit zahlreichen Abb. (Bd. 357.)

Der Mond. Von Prof. Dr. J. Franz. Mit 31 Abb. (Bd. 90.)

Die Planeten. Von Prof. Dr. B. Peter. Mit 18 Fig. (Bd. 240.)

Arithmetik und Algebra zum Selbstunterricht. Von Prof. Dr. P. Crantz. In 2 Bdn. Mit zahlr. Fig. (Bd. 120. 205.) I. Teil: Die Rechnungsarten. Gleichungen ersten Grades mit einer und mehreren Unbekannten. Gleichungen zweiten Grades. 2. Aufl. Mit 9 Fig. (Bd. 120.) II. Teil: Gleichungen. Arithmetische und geometrische Reihen. Zinseszins- und Rentenrechnung. Komplexe Zahlen. Binomischer Lehrsatz. 3. Aufl. Mit 21 Fig. (Bd. 205.)

Praktische Mathematik. Von Dr. R. Neuendorff. I. Teil: Graphisches u. numerisches Rechnen. Mit 62 Figuren und 1 Tafel. (Bd. 341.)

Planimetrie zum Selbstunterricht. Von Prof. Dr. P. Crantz. Mit 99 Fig. (Bd. 340.)

Maße und Messen. Von Dr. W. Block. Mit 34 Abb. (Bd. 385.)

Einführung in die Infinitesimalrechnung mit einer historischen Übersicht. Von Prof. Dr. G. Kowalewski. 2. Aufl. Mit 18 Fig. (Bd. 197.)

Differential- und Integralrechnung. Von Dr. M. Lindow. (Bd. 387.)

Mathematische Spiele. Von Dr. W. Ahrens. 2. Aufl. Mit 70 Fig. (Bd. 170.)

Das Schachspiel und seine strategischen Prinzipien. Von Dr. M. Lange. Mit den Bildnissen E. Laskers und P. Morphys, 1 Schachbrettafel und 43 Darst. von Übungsspielen. (Bd. 281.)

Angewandte Naturwissenschaft. Technik.

Am sausenden Webstuhl der Zeit. Von Prof. Dr. W. Launhardt. 3. Aufl. Mit 16 Abb. (Bd. 23.)

Bilder aus der Ingenieurtechnik. Von Baurat K. Merckel. Mit 43 Abb. (Bd. 60.)

Schöpfungen der Ingenieurtechnik der Neuzeit. Von Baurat K. Merckel. 2. Aufl. Mit 55 Abb. (Bd. 28.)

Der Eisenbetonbau. Von Dipl.-Ing. E. Haimovici. Mit 81 Abb. (Bd. 275.)

Das Eisenhüttenwesen. Von Geh. Bergrat Prof. Dr. H. Wedding. 4. Aufl. Mit 15 Fig. (Bd. 20.)

Die Schmucksteine und die Schmuckstein-Industrie. Von Dr. A. Eppler. Mit 64 Abb. (Bd. 376.)

Die Metalle. Von Prof. Dr. K. Scheid. 2. Aufl. Mit 16 Abb. (Bd. 29.)

Unsere Kohlen. Von Bergassessor Kukuk. (Bd. 396.)

Mechanik. Von Kais. Geh. Reg.-Rat A. v. Ihering. 3 Bde. (Bd. 303/305.) Band I: Die Mechanik der festen Körper. Mit 61 Abb. (Bd. 303.) Band II: Die Mechanik der flüssigen Körper. Mit 34 Abb. (Bd. 304.) Band III: Die Mechanik der gasförmigen Körper. (In Vorb.) (Bd. 305.)

Maschinenelemente. Von Prof. R. Vater. Mit 184 Abb. (Bd. 301.)

Aus Natur und Geisteswelt.

Jeder Band geheftet M. 1.—, in Leinwand gebunden M. 1.25.

Hebezeuge. Das Heben fester, flüssiger und luftförmiger Körper. Von Prof. R. Vater. Mit 67 Abb. (Bd. 196.)

Die Dampfmaschine I: Wirkungsweise des Dampfes in Kessel und Maschine. Von Prof. R. Vater. 3. Aufl. Mit 45 Abb. (Bd. 393.)

Die neueren Wärmekraftmaschinen I: Einführung in die Theorie u. den Bau der Maschinen für gasförmige u. flüssige Brennstoffe. Von Prof. R. Vater. 4. Aufl. Mit 33 Abb. (Bd. 21.)

Die neueren Wärmekraftmaschinen II: Gasmaschinen, Gas- und Dampfturbinen. Von Prof. R. Vater. 3. Aufl. Mit 48 Abb. (Bd. 86.)

Die Wasserkraftmaschinen und die Ausnützung der Wasserkräfte. Von Kais. Geh. Reg.-Rat A. v. Ihering. Mit 73 Fig. (Bd. 228.)

Landwirtsch. Maschinenkunde. Von Prof. Dr. G. Fischer. Mit 62 Abb. (Bd. 316.)

Die Spinnerei. Von Dir. Prof. M. Lehmann. Mit Abb. (Bd. 338.)

Die Eisenbahnen, ihre Entstehung und gegenwärtige Verbreitung. Von Prof. Dr. F. Hahn. Mit zahlreichen Abb. (Bd. 71.)

Die technische Entwicklung der Eisenbahnen der Gegenwart. Von Eisenbahnbau- u. Betriebsinsp. E. Biedermann. Mit 50 Abb. (Bd. 144.)

Die Klein- und Straßenbahnen. Von Oberingenieur a. D. A. Liebmann. Mit 85 Abb. (Bd. 322.)

Das Automobil. Eine Einführung in Bau und Betrieb des modernen Kraftwagens. Von Ing. K. Blau. 2. Aufl. Mit 83 Abb. (Bd. 166.)

Grundlagen der Elektrotechnik. Von Dr. A. Rotth. Mit 72 Abb. (Bd. 391.)

Die Telegraphen- und Fernsprechtechnik in ihrer Entwicklung. Von Telegrapheninspektor H. Brick. Mit 58 Abb. (Bd. 235.)

Drähte und Kabel, ihre Anfertigung und Anwendung in der Elektrotechnik. Von Telegrapheninspektor H. Brick. Mit 43 Abb. (Bd. 285.)

Die Funkentelegraphie. Von Oberpostpraktikant H. Thurn. Mit 53 Illustr. 2. Aufl. (Bd. 167.)

Astronomie in ihrer Bedeutung für das tägliche Leben. Von Professor Dr. A. Marcuse. Mit 26 Abb. (Bd. 378.)

Nautik. Von Dir. Dr. J. Möller. Mit 58 Fig. (Bd. 255.)

Das Kriegsschiff. Von Geh. Marinebaurat Krieger. (Bd. 389.)

Die Luftschiffahrt, ihre wissenschaftlichen Grundlagen und ihre technische Entwicklung. Von Dr. R. Nimführ. 2. Aufl. Mit 42 Abb. (Bd. 300.)

Die Handfeuerwaffen. Ihre Entwicklung und Technik. Von Hauptmann R. Weiß. Mit 69 Abb. (Bd. 364.)

Die Beleuchtungsarten der Gegenwart. Von Dr. W. Brüsch. Mit 155 Abb. (Bd. 108.)

Heizung und Lüftung. Von Ingenieur J. E. Mayer. Mit 40 Abb. (Bd. 241.)

Industrielle Feuerungsanlagen und Dampfkessel. Von Ingenieur J. E. Mayer. (Bd. 348.)

Die Uhr. Von Reg.-Bauführer a. D. H. Bock. Mit 47 Abb. (Bd. 216.)

Wie ein Buch entsteht. Von Prof. A. W. Unger. 3. Aufl. Mit 7 Taf. u. 26 Abb. (Bd. 175.)

Einführung in die chemische Wissenschaft. Von Prof. Dr. W. Löb. Mit 16 Fig. (Bd. 264.)

Bilder aus der chemischen Technik. Von Dr. A. Müller. Mit 24 Abb. (Bd. 191.)

Der Luftstickstoff und seine Verwertung. Von Prof. Dr. K. Kaiser. Mit 13 Abb. (Bd. 313.)

Agrikulturchemie. Von Dr. P. Krische. Mit 21 Abb. (Bd. 314.)

Die Bierbrauerei. Von Dr. A. Bau. Mit 47 Abb. (Bd. 333.)

Weinbau und Weinbereitung. Von Dr. F. Schmitthenner. (Bd. 332.)

Chemie und Technologie der Sprengstoffe. Von Prof. Dr. R. Biedermann. Mit 15 Fig. (Bd. 286.)

Photochemie. Von Prof. Dr. G. Kümmell. Mit 23 Abb. (Bd. 227.)

Die Kinematographie. Von Dr. H. Lehmann (Bd. 358.)

Elektrochemie. Von Prof. Dr. K. Arndt. Mit 38 Abb. (Bd. 234.)

Die Naturwissenschaften im Haushalt. Von Dr. J. Bongardt. 2 Bde. Mit zahlr. Abb. (Bd. 125. 126.)
I. Teil: Wie sorgt die Hausfrau für die Gesundheit der Familie? Mit 31 Abb. (Bd. 125.) II. Teil: Wie sorgt die Hausfrau für gute Nahrung? Mit 17 Abb. (Bd. 126.)

Chemie in Küche und Haus. Von weil. Prof. Dr. G. Abel. 2. Aufl. von Dr. J. Klein. Mit 1 Doppeltafel. (Bd. 76.)

DIE KULTUR DER GEGENWART

IHRE ENTWICKLUNG UND IHRE ZIELE

HERAUSGEGEBEN VON PROF. PAUL HINNEBERG

Eine systematisch aufgebaute, geschichtlich begründete Gesamtdarstellung unserer heutigen Kultur, welche die Fundamentalergebnisse der einzelnen Kulturgebiete nach ihrer Bedeutung für die gesamte Kultur der Gegenwart und für deren Weiterentwicklung in großen Zügen zur Darstellung bringt. Das Werk vereinigt eine Zahl erster Namen aus Wissenschaft und Praxis und bietet Darstellungen der einzelnen Gebiete jeweils aus der Feder des dazu Berufensten in gemeinverständlicher, künstlerisch gewählter Sprache auf knappstem Raume. Jeder Band ist inhaltlich vollständig in sich abgeschlossen und einzeln käuflich.

TEIL I u. II: Die geisteswissenschaftlichen Kulturgebiete.

Die allgemeinen Grundlagen der Kultur der Gegenwart. Geh. M. 18.—, in Leinw. geb. M. 20.—, in Halbfr. geb. M. 22.—. [2. Aufl. 1912. Teil I, Abt. 1.]

Inhalt: Das Wesen der Kultur: W. Lexis. — Das moderne Bildungswesen: Fr. Paulsen †. — Die wichtigsten Bildungsmittel. A. Schulen und Hochschulen. Das Volksschulwesen: G. Schöppa. Das höhere Knabenschulwesen: A. Matthias. Das höhere Mädchenschulwesen: H. Gaudig. Das Fach- und Fortbildungsschulwesen: G. Kerschensteiner. Die geisteswissenschaftliche Hochschulausbildung: Fr. Paulsen †. Die mathematische, naturwissenschaftliche Hochschulausbildung: W. v. Dyck. B. Museen. Kunst- und Kunstgewerbemuseen: L. Pallat. Naturwissenschaftliche Museen: K. Kraepelin. Technische Museen: W. v. Dyck. C. Ausstellungen. Kunst- und Kunstgewerbeausstellungen: J. Lessing †. Naturwissenschaftlich-technische Ausstellungen: O. N. Witt. D. Die Musik: G. Göhler. E. Das Theater: P. Schlenther. F. Das Zeitungswesen: K. Bücher. G. Das Buch: R. Pietschmann. H. Die Bibliotheken: F. Milkau. — Die Organisation der Wissenschaft: H. Diels.

Die Religionen des Orients und die altgermanische Religion. Geh. ca. M. 7.—, in Leinw. geb. ca. M. 9.—, in Halbfr. geb. ca. M. 11.—. [2. Aufl. 1913. Unter der Presse. Teil I, Abt. 3, I.]

Inhalt: Die Anfänge der Religion und die Religion der primitiven Völker: Edv. Lehmann. — Die ägyptische Religion: A. Erman. — Die asiatischen Religionen: Die babylonisch-assyrische Religion: C. Bezold. — Die indische Religion: H. Oldenberg. — Die iranische Religion: H. Oldenberg. — Die Religion des Islams: J. Goldziher. — Der Lamaismus: A. Grünwedel. — Die Religionen der Chinesen: J. J. M. de Groot. — Die Religionen der Japaner: a) Der Shintoismus: K. Florenz, b) Der Buddhismus: H. Haas. — Die orientalischen Religionen in ihrem Einfluß auf den Westen im Altertum: Fr. Cumont. — Altgermanische Religion: A. Heusler.

Geschichte der christlichen Religion. Geh. M. 18.—, in Leinw. geb. M. 20.—, in Halbfr. geb. M. 22.—. [2. Aufl. 1909. Teil I, Abt. 4, I.]

Inhalt: Die israelitisch-jüdische Religion: J. Wellhausen. — Die Religion Jesu und die Anfänge des Christentums bis zum Nicaenum (325): A. Jülicher. — Kirche und Staat bis zur Gründung der Staatskirche: A. Harnack. — Griechisch-orthodoxes Christentum und Kirche in Mittelalter und Neuzeit: N. Bonwetsch. — Christentum und Kirche Westeuropas im Mittelalter: K. Müller. — Katholisches Christentum und Kirche in der Neuzeit: A. Ehrhard. — Protestantisches Christentum und Kirche in der Neuzeit: E. Troeltsch.

Systematische christliche Religion. Geh. M. 6.60, in Leinw. geb. M. 8.—, in Halbfr. geb. M. 10.—. [2. Aufl. 1909. Teil I, Abt. 4, II.]

Inhalt: Wesen der Religion u. der Religionswissenschaft: E. Troeltsch. — Christlich-katholische Dogmatik: J. Pohle. — Christlich-katholische Ethik: J. Mausbach. — Christlich-katholische praktische Theologie: C. Krieg. — Christlich-protestantische Dogmatik: W. Herrmann. — Christlich-protestantische Ethik: R. Seeberg. — Christlich-protestantische praktische Theologie: W. Faber. — Die Zukunftsaufgaben der Religion und der Religionswissenschaft: H. J. Holtzmann.

Allgemeine Geschichte der Philosophie. Geh. ca. M. 12.—, in Leinwand geb. ca. M. 14.—, in Halbfranz geb. ca. M. 16.—. [2. Aufl. 1913. Unter der Presse. Teil I, Abt. 5.]

Inhalt. Einleitung. Die Anfänge der Philosophie und die Philosophie der primitiven Völker: W. Wundt. I. Die indische Philosophie: H. Oldenberg. II. Die islamische und jüdische Philosophie: J. Goldziher. III. Die chinesische Philosophie: W. Grube. IV. Die japanische Philosophie: T. Jnouye. V. Die europäische Philosophie des Altertums: H. v. Arnim. VI. Die patristische Philosophie: Cl. Bäumker. VII. Die europäische Philosophie des Mittelalters: Cl. Bäumker. VIII. Die neuere Philosophie: W. Windelband.

Systematische Philosophie. Geh. M. 10.—, in Leinwand geb. M. 12.—, in Halbfr. geb. M. 14.—. [2. Aufl. 1908. Teil I, Abt. 6.]

Inhalt. Allgemeines. Das Wesen der Philosophie: W. Dilthey. — Die einzelnen Teilgebiete. I. Logik und Erkenntnistheorie: A. Riehl. II. Metaphysik: W. Wundt. III. Naturphilosophie: W. Ostwald. IV. Psychologie: H. Ebbinghaus. V. Philosophie der Geschichte: R. Eucken. VI. Ethik: Fr. Paulsen. VII. Pädagogik: W. Münch. VIII. Ästhetik: Th. Lipps. — Die Zukunftsaufgaben der Philosophie: Fr. Paulsen.

Die orientalischen Literaturen. Geh. M. 10.—, in Leinw. geb. M. 12.—, in Halbfranz geb. M. 14.—. [1906. Teil I, Abt. 7.]

Inhalt. Die Anfänge der Literatur und die Literatur der primitiven Völker: E. Schmidt. — Die ägyptische Literatur: A. Erman. — Die babylonisch-assyrische Literatur: C. Bezold. — Die israelitische Literatur: H. Gunkel. — Die aramäische Literatur: Th. Nöldeke. — Die äthiop. Literatur: Th. Nöldeke. — Die arab. Literatur: M. J. de Goeje. — Die ind. Literatur: R. Pischel. — Die altpers. Literatur: K. Geldner. — Die mittelpers. Literatur: P. Horn. — Die neupers. Literatur: P. Horn. — Die türkische Literatur: P. Horn. — Die armenische Literatur: F. N. Finck. — Die georg. Literatur: F. N. Finck. — Die chines. Literatur: W. Grube. — Die japan. Literatur: K. Florenz.

Die griech. u. latein. Literatur u. Sprache. Geh. M. 12.—, in Leinw. geb. M. 14.—, in Halbfr. geb. M. 16.—. [3. Aufl. 1912. Teil I, Abt. 8.]

Inhalt: I. Die griechische Literatur und Sprache: Die griech. Literatur des Altertums: U. v. Wilamowitz-Moellendorff. — Die griech. Literatur des Mittelalters: K. Krumbacher. — Die griech. Sprache: J. Wackernagel. — II. Die lateinische Literatur und Sprache: Die römische Literatur des Altertums: Fr. Leo. — Die latein. Literatur im Übergang vom Altertum zum Mittelalter: E. Norden. — Die latein. Sprache: F. Skutsch.

Die osteuropäischen Literaturen u. die slawisch. Sprachen. Geh. M. 10.—, in Lnw. geb. M. 12.—, in Hlbfr. geb. M. 14.—. [1908. Teil I, Abt. 9.]

Inhalt: Die slawischen Sprachen: V. v. Jagić. — Die slawischen Literaturen. I. Die russische Literatur: A. Wesselovsky. — II. Die poln. Literatur: A. Brückner. III. Die böhm. Literatur: J. Máchal. IV. Die südslaw. Literaturen: M. Murko. — Die neugriech. Literatur: A. Thumb. — Die finnisch-ugr. Literaturen. I. Die ungar. Literatur: F. Riedl. II. Die finn. Literatur: E. Setälä. III. Die estn. Literatur: G. Suits. — Die litauisch-lett. Literaturen. I. Die lit. Literatur: A. Bezzenberger. II. Die lett. Literatur: E. Wolter.

Die romanischen Literaturen und Sprachen. Mit Einschluß des Keltischen. Geh. M. 12.—, in Leinwand geb. M. 14.—, in Halbfranz geb. M. 16.—. [1908. Teil I, Abt. 11, I.]

Inhalt: I. Die kelt. Literaturen. 1. Sprache u. Literatur im allgemeinen: H. Zimmer. 2. Die einzelnen kelt. Literaturen. a) Die ir.-gäl. Literatur: K. Meyer. b) Die schott.-gäl. u. die Manx-Literatur. c) Die kymr. (walis.) Literatur. d) Die korn. u. die breton. Literatur: L. Ch. Stern. II. Die roman. Literaturen: H. Morf. III. Die roman. Sprachen: W. Meyer-Lübke.

Allgemeine Verfassungs- und Verwaltungsgeschichte. I. Hälfte. Geh. M. 10.—, in Leinw. geb. M. 12.—, in Halbfranz geb. M. 14.—. [1911. Teil II, Abt. 2, I.]

Inhalt: Einleitung. Die Anfänge der Verfassung und der Verwaltung und die Verfassung und Verwaltung der primitiven Völker: A. Vierkandt. A. Die orientalische Verfassung und Verwaltung. 1. Die Verfassung und Verwaltung des orientalischen Altertums: L. Wenger. 2. Die islamische Verfassung und Verwaltung: M. Hartmann. 3. Die Verfassung und Verwaltung Chinas: O. Franke. 4. Die Verfassung und Verwaltung Japans: K. Rathgen. — B. Die europäische Verfassung u. Verwaltung (1. Hälfte). 1. Die Verfassung u. Verwaltung des europäischen Altertums: L. Wenger. 2. Die Verfassung u. Verwaltung der Germanen und des Deutschen Reiches bis z. Jahre 1806: A. Luschin v. Ebengreuth.

Staat u. Gesellschaft des Orients. [Teil II, Abt. 3 erscheint 1913.]
Inhalt: I. Anfänge des Staates und der Gesellschaft. Staat und Gesellschaft der primitiven Völker: A. Vierkandt. II. Staat und Gesellschaft des Orients im Altertum, Mittelalter und der Neuzeit. 1. Altertum: G. Maspero. 2. Mittelalter und Neuzeit. a) Staat und Gesellschaft Nordafrikas und Westasiens (die islamischen Völker): M. Hartmann. b) Staat und Gesellschaft Ostasiens. α) Staat und Gesellschaft Chinas: O. Franke. β) Staat und Gesellschaft Japans: K. Rathgen.

Staat u. Gesellschaft d. Griechen u. Römer. Geh. M. 8.—, in Leinw. geb. M. 10.—, in Halbfr. geb. M. 12.—. [1910. Teil II, Abt. 4, I.]
Inhalt: I. Staat und Gesellschaft der Griechen: U. v. Wilamowitz-Moellendorff. — II. Staat und Gesellschaft der Römer: B. Niese.

Staat und Gesellschaft der neueren Zeit. Geh. M. 9.—, in Leinw. geb. M. 11.—, in Halbfranz geb. M. 13.—. [1908. Teil II, Abt. 5, I.]
Inhalt: I. Reformationszeitalter. a) Staatensystem und Machtverschiebungen. b) Der moderne Staat und die Reformation. c) Die gesellschaftlichen Wandlungen und die neue Geisteskultur: F. v. Bezold. — II. Zeitalter der Gegenreformation: E. Gothein. — III. Zur Höhezeit des Absolutismus. a) Tendenzen, Erfolge und Niederlagen des Absolutismus. b) Zustände der Gesellschaft. c) Abwandlungen des europäischen Staatensystems: R. Koser.

Allgem. Rechtsgeschichte. [1913. Teil II, Abt. 7, I. Unt. d. Presse.]
Inhalt: Die Anfänge des Rechts: J. Kohler. — Orientalisches Recht im Altertum: L. Wenger. — Europäisches Recht im Altertum: L. Wenger.

Systematische Rechtswissenschaft. Geh. ca. M. 14.—, in Leinw. geb. ca. M. 16.—, in Halbfranz geb. ca. M. 18.—. [2. Aufl. 1913. Unter der Presse. Teil II, Abt. 8.]
Inhalt: I. Wesen des Rechtes und der Rechtswissenschaft: R. Stammler. II. Die einzelnen Teilgebiete: A. Privatrecht. Bürgerliches Recht: R. Sohm. — Handels- und Wechselrecht: K. Gareis. — Internationales Privatrecht: L. v. Bar. B. Zivilprozeßrecht: L. v. Seuffert. C. Strafrecht u. Strafprozeßrecht: F. v. Liszt. D. Kirchenrecht: W. Kahl. E. Staatsrecht: P. Laband. F. Verwaltungsrecht. Justiz und Verwaltung: G. Anschütz. — Polizei- und Kulturpflege: E. Bernatzik. G. Völkerrecht: F. von Martitz. III. Die Zukunftsaufgaben des Rechtes und der Rechtswissenschaft: R. Stammler.

Allgemeine Volkswirtschaftslehre. Von W. Lexis. Geh. ca. M. 7.—, in Leinw. geb. ca. M. 9.—, in Halbfranz geb. ca. M. 11.—. [2. Aufl. 1913. Teil II, Abt. 10, I.]

In Vorbereitung befinden sich noch:

Teil I, Abt. 2: **Die Aufgaben und Methoden der Geisteswissenschaften.**
I. Die Geisteswissenschaften u. ihre Methoden im allgemeinen. II. Erkenntnismittel u. Hilfsdisziplinen der Geisteswissenschaften.

Teil I, Abt. 3, II: **Die Religionen des klassischen Altertums.**

Teil I, Abt. 10: **Die deutsche Literatur und Sprache.**

Teil I, Abt. 11, II: **Englische Literatur und Sprache, skandinavische Literatur und allgemeine Literaturwissenschaft.**

Teil I, Abt. 12: **Musik.**
I. Geschichte der Musik u. der Musikwissenschaft. II. Allgemeine Musikwissenschaft.

Teil I, Abt. 13: **Die orientalische Kunst. Die europäische Kunst des Altertums.**
I. Die Anfänge der Kunst und die Kunst der primitiven Völker. II. Die orientalische Kunst. III. Die europäische Kunst des Altertums.

Teil I, Abt. 14: **Die europäische Kunst des Mittelalters und der Neuzeit. Allgemeine Kunstwissenschaft.**

Teil II, Abt. 1: **Völker-, Länder- u. Staatenkunde.** Die anthropogeograph. Grundlagen.)

Teil II, Abt. 2, II: **Allgem. Verfassungs- u. Verwaltungsgeschichte.** 2. Hälfte.

Teil II, Abt. 4, II: **Staat und Gesellschaft Europas im Altertum und Mittelalter.**
I. Osteuropa (Byzanz). II. Westeuropa (Die romanisch-germanischen Völker).

Teil II, Abt. 5, II: **Staat und Gesellschaft der neuesten Zeit.**
I. Revolutionszeitalter und Erstes Kaiserreich. II. 19. Jahrhundert. III. Osteuropa. IV. Nordamerika. V. Romanisch-germanische Kolonialländer außer Nordamerika.

Teil II, Abt. 6: **System der Staats- und Gesellschaftswissenschaft.**
I. Allgemeines. II. Die einzelnen Teilgebiete. III. Die Zukunftsaufgaben des Staates und der Gesellschaft und der Staats- und der Gesellschaftswissenschaft

Teil II, Abt. 7, II: **Allg. Rechtsgeschichte mit Geschichte der Rechtswissenschaft.**
I. Das orientalische Recht des Mittelalters und der Neuzeit. II. Das europäische Recht des Mittelalters und der Neuzeit.

Teil II, Abt. 9: **Allg. Wirtschaftsgeschichte mit Geschichte der Volkswirtschaftslehre.**

Teil II, Abt. 10, II **Spezielle Volkswirtschaftslehre.**
I. Agrarpolitik. II. Gewerbepolitik. III. Handelspolitik. IV. Kolonialpolitik. V. Verkehrspolitik. VI. Versicherungspolitik. VII. Sozialpolitik.

Teil II, Abt. 10, III: **System der Staats- u. Gemeindewirtschaftslehre (Finanzwissenschaft).**

TEIL III: Die mathematischen, naturwissenschaftlichen und medizinischen Kulturgebiete.

Bearbeitet unter Leitung von
F. Klein, E. Lecher, R. v. Wettstein, Fr. v. Müller.

Die Mathematik im Altertum und im Mittelalter: Professor Dr. H. G. Zeuthen, Kopenhagen. Geh. M. 3.— [1912. Abt. I. Lfrg. 1.]

Chemie einschl. Kristallographie u. Mineralogie. Bandredakt.: E. v. Meyer u. Fr. Rinne. Mit Abb. Geh. ca. M. 22.—, in Leinw. geb. ca. M. 24.—, in Halbfr. geb. ca. M. 26.—. [1913. Abt. III., Bd. 2.]
Inhalt: Entwicklung der Chemie von Robert Boyle bis Lavoisier [1660—1793]: E. v. Meyer. — Die Entwicklung der Chemie im 19. Jahrhundert durch Begründung und Ausbau der Atomtheorie: E. v. Meyer. — Anorganische Chemie: C. Engler und L. Wöhler. — Organische Chemie: O. Wallach. — Physikalische Chemie: R. Luther und W. Nernst. — Photochemie: R. Luther. — Elektrochemie: M. Le Blanc. — Beziehungen der Chemie zur Physiologie: A. Kossel. — Beziehungen der Chemie zum Ackerbau: †O. Kellner und R. Immendorf. — Wechselwirkungen zwischen der chemischen Technik: O. Witt. — Kristallographie und Mineralogie: Fr. Rinne.

Zellen- und Gewebelehre, Morphologie und Entwicklungsgeschichte. Bandredakteure: O. Hertwig und †E. Strasburger, in zwei Teilbänden. Mit Abb. Geh. ca. M. 22.—, in Leinw. geb. ca. M. 24.—, in Halbfranz geb. ca. M. 26.—. [1913. Abt. IV., Band 2.]
Inhalt: I. Hälfte: Botanik. Pflanzliche Zellen- und Gewebelehre: E. Strasburger. — Morphologie und Entwicklungsgeschichte der Pflanzen: W. Benecke. — II. Hälfte: Zoologie. Die einzelligen Organismen: R. Hertwig. — Zellen und Gewebe des Tierkörpers. H. Poll. — Allgemeine und experimentelle Morphologie und Entwicklungslehre der Tiere: O. Hertwig. — Entwicklungsgeschichte u. Morphologie d. Wirbellosen: K. Heider. — Entwicklungsgeschichte d. Wirbeltiere: F. Keibel. — Morphologie d. Wirbeltiere: E. Gaupp.

In Vorbereitung bzw. unter der Presse * befinden sich:

*I. Abteilung: **Die mathematischen Wissenschaften.**

Abteilungsleiter und Bandredakteur: F. Klein. Inhalt: Die Beziehungen der Mathematik zur allgemeinen Kultur: A. Voß. — Mathematik u. Philosophie: A. Voß. — Die Mathematik im 16., 17. und 18. Jahrh.: P. Stäckel. — Die Entwicklung d. reinen Mathematik i. 19. Jahrh.: F. Klein. — Die moderne Entwicklung d. angewandten Mathematik: C. Runge. — Mathematischer Unterricht: H. E. Timerding.

II. Abt.: Die Vorgeschichte der modernen Naturwissenschaften und der Medizin.

Bandredakteure: J. Ilberg und K. Sudhoff. Bearb. von Fr. Boll, S. Günther, I. L. Heiberg, M. Höfler, J. Ilberg, E. Seidel, H. Stadler, K. Sudhoff, E. Wiedemann u. a.

III. Abt.: Anorgan. Naturwissenschaften. Abteilungsleiter: E. Lecher.

*Band 1: Physik.

Bandredakteur: E. Warburg.

Inhalt: Akustik: F. Auerbach. — Telegraphie: F. Braun. — Experimentelle Atomistik: E. Dorn. — Theoret. Atomistik. Relativitätsprinzip: A. Einstein. — Radioaktivität I: J. Elster und H. Geitel. — Spektralanalyse: F. Exner. — Theorie des Magnetismus: R. Gans. — Über die Untersuchung d. feinsten Spektrallinien: E. Gehrke. — Positive Strahlen: E. Gehrke und O. Reichenheim. — Die Energie degradierender Vorgänge im elektromagnetischen Feld: E. Gumlich. — Das Prinzip von der Erhaltung der Energie und das Prinzip von der Vermehrung der Entropie: Fr. Hasenöhrl. — Natur der Wärme (Thermodynamik): Fr. Henning. — Mechan. u. therm. Eigenschaften: Kalorimetrie: L. Holborn. — Wärmeleitung: W. Jäger. — Kathoden- und Röntgenstrahlen: W. Kaufmann. — Entdeckungen von Maxwell u. Hertz: E. Lecher. — Die Maxwellsche und Elektronentheorie: H. A. Lorentz. — Neuere Fortschritte der geometr. Optik: O. Lummer. — Das Prinzip der kleinsten Wirkung: M. Planck. — Gesch. d. Elektrizität bis z. Siege der Faradayschen Anschauungen: F. Richarz. — Wärmestrahlung: H. Rubens. — Radioaktivität II: E. v. Schweidler — Elektr. Leitvermögen: H. Starke. — Phänomenologische u. atomistische Betrachtungsweise: W. Voigt. — Newtonsche Mechanik: E. Wiechert. — Die gekoppelten elektr. Systeme: M. Wien. — Strahlungstheorie: W. Wien. — Entwicklung der Wellenlehre des Lichts: O. Wiener. — Magnetooptik: P. Zeeman.

*Band 3: Astronomie.

Bandredakteur: J. Hartmann.

Inhalt: Anfänge der Astronomie, Zusammenhang mit der Religion: Fr. Boll. — Chronologie und Kalenderwesen: F. K. Ginzel. — Zeitmessung: J. Hartmann. — Astronomische Ortsbestimmung: L. Ambronn. — Erweiterung des Raumbegriffs: A. v. Flotow. — Mechan. Theorie des Planetensystems: J. v. Hepperger. — Physische Erforschung des Planetensystems: K. Graff. — Physik der Sonne: E. Pringsheim. — Physik der Fixsterne: F. W. Ristenpart. — Sternsystem: H. Kobold. — Beziehungen der Astronomie zu Kunst und Technik: L. Ambronn. — Organisation: F. W. Ristenpart.

Band 4: Geonomie.

Bandredakteure: F. R. Helmert und H. Benndorf. Bearbeitet von H. Benndorf, † G. H. Darwin, H. Ebert, O. Eggert, S. Finsterwalder, E. Kohlschütter u. a.

Band 5: Geologie (einschl. Petrographie).

Bandredakteur: A. Rothpletz. Bearbeitet von A. Bergeat, E. v. Koken, J. Königsberger, A. Rothpletz.

Band 6: Physiogeographie.

Bandredakteur: E. Brückner 1. Hälfte: Allgemeine Physiogeographie. Bearbeitet von E. Brückner, S. Finsterwalder, J. v. Hann, † O. Krümmel, E. Oberhummer, A. Merz u. a. 2. Hälfte: Spezielle Physiogeographie. Bearbeitet von E. Brückner, W. M. Davis u. a.

IV. Abt.: Organische Naturwissenschaften. Abteilungsleiter: R. v. Wettstein.

*Band 1: Allgemeine Biologie.

Bandredakteure C. Chun u. W. L. Johannsen.

Inhalt: Geschichte der modernen Biologie [etwa seit Linnés Tode]: E. Rádl. — Biologische Methodik im allgemeinen, Richtungen und Organisation der Forschung A. Fischel. — Organisation des biologischen Unterrichts: R. v. Wettstein. — Allgemeine Biologie. a) Organismen: W. Roux, W. Ostwald, O. zur Straßen. b) Protoplasma: B. Lidfors. c) Einzellige, Vielzellige: E. Laqueur. d) Organisationshöhe: H. Spemann. e) Individuum, Lebenslauf, Alter, Tod. W. Schleip. f) Allgemeines über Fortpflanzungsvorgänge: E. Godlewski, P. Claußen. g) Regeneration und Transplantation. α) der Tiere: H. Przibram. β) der Pflanzen: E. Baur. h) Experimentelle Grundlagen der Deszendenzlehre: W. L. Johannsen. i) Gliederung in Pflanzen und Tiere: O. Porsch.

Band 3: Physiologie und Ökologie.

Bandredakteure: M. Rubner und G. Haberlandt. Bearbeitet von E. Baur, Fr. Czapek, H. v. Guttenberg u. a.

*Band 4: Abstammungslehre, Systematik, Paläontologie, Biogeographie.

Bandredakt.: R. v. Hertwig u. R. v. Wettstein.

Inhalt: Deszendenztheorie: R. v. Hertwig. — Systematik. a) Allgemeines: L. Plate. b) System der Pflanzen: R. v. Wettstein. c) System der Tiere: L. Plate. — Biogeographie. a) Allgemeine Prinzipien der Biogeographie: A. Brauer. — b) Pflanzengeographie: A. Engler. c) Tiergeographie: A. Brauer. — Paläontologie. a) Allgemeines: O. Abel. b) Paläophytologie: W. J. Jongmans. c) Paläozoologie: O. Abel. — Spezielle Phylogenie. a) des Pflanzenreiches: R. v. Wettstein. b) des Tierreiches: J. E. V. Boas. α) der Wirbellosen: K. Heider. β) der Wirbeltiere.

V. Abt.: Anthropologie einschließl. naturwissenschaftl. Ethnographie.
Bandredakteur: G. Schwalbe. Bearbeitet von E. Fischer, M. Hoernes, F. v. Luschan, Th. Mollison, A. Ploetz, G. Schwalbe.

VI. Abt.: Die medizinischen Wissenschaften. Abteilungsleiter: Fr. v. Müller.
Band 1: **Die Geschichte der modernen Medizin.** Bandredakteur: K. Sudhoff. Bearbeitet von M. Neuburger, K. Sudhoff u. a. **Die Lehre von den Krankheiten.** Bandredakteur: F. Marchand.
Band 2: **Die medizin. Spezialfächer.** Bandredakteure: W. His und Fr. von Müller.
Band 3: **Beziehungen der Medizin zum Volkswohl.** Bandredakteur: M. v. Gruber.

VII. Abt.: Naturphilosophie und Psychologie.
*Band 1: **Naturphilosophie.** Bandredakt.: C. Stumpf Bearb. von E. Becher.
Band 2: **Psychologie.** Bandredakteur: C. Stumpf. Bearbeitet von C. L. Morgan und C. Stumpf.

VIII. Abt.: Organisation d. Forschung u. d. Unterrichts. Bandredakt.: A. Gutzmer.

TEIL IV: Die technischen Kulturgebiete.

Abteilungsleiter: **W. v. Dyck** und **O. Kammerer.**

Technik des Kriegswesens. Bandredakteur: M. Schwarte. Mit Abb. Geh. M. 24.—, in Leinwand geb. M. 26.—, in Halbfranz geb. M. 28.—. [1913. Teil IV. Band 12.]

Inhalt: Kriegsvorbereitung, Kriegsführung: M. Schwarte. — Waffentechnik. a) Die Waffentechnik in ihren Beziehungen zur Chemie: O. Poppenberg. b) Die Waffentechnik in ihren Beziehungen zur Metallurgie: W. Schwinning. c) Die Waffentechnik in ihren Beziehungen zur Konstruktionslehre: W. Schwinning. — d) Die Waffentechnik in ihren Beziehungen zur optischen Technik: O. von Eberhard. e) Die Waffentechnik in ihren Beziehungen zur Physik und Mathematik: O. Becker. — Technik des Befestigungswesens: J. Schröter. — Kriegsschiffbau: O. Kretschmer. — Vorbereitung für den Seekrieg und Seekriegsführung: M. Glatzel. — Einfluß des Kriegswesens auf die Gesamtkultur: A. Kersting.

In Vorbereitung befinden sich:

Band 1: **Vorgeschichte der Technik.** Bandredakteur u. Bearbeiter: C. Matschoß.

Band 2: **Verwertung der Naturkräfte zur Gewinnung mechanischer Energie.** Bandredakteur: M. Schröter. Bearbeitet von H. Bunte, R. Escher, W. Lynen, W. v. Oechelhaeuser, R. Schöttler, M. Schröter.

Band 3: **Umwandlung und Verteilung der Energie.** Bandredakteur: M. Schröter. Bearbeitet von A. Schwaiger u. a.

Band 4: **Bergbau und Hüttenwesen.** (Stoffgewinnung auf anorganischem Wege.) I. Teil. Bergbau. Bandredakt.: W. Bornhardt. Bearbeitet von H. E. Böker, G. Franke, Fr. Heise, Fr. Herbst, M. Krahmann, M. Reuß, O. Stegemann, L. Tübben. — II. Teil. Hüttenwesen.

Band 5: **Land- und Forstwirtschaft.** (Stoffgewinnung auf organischem Wege.) I. Teil. Landwirtschaft. — II. Teil. Forstwirtschaft. Bandredakteur und Bearbeiter: R. Beck und H. Martin.

Band 6: **Mechanische Technologie.** (Stoffbearbeitung auf maschinentechnisch. Wege.) Bandredakteure: E. Pfuhl und A. Wallichs. Bearbeitet von P. von Denffer, Fr. Hülle, O. Johannsen, E. Pfuhl, M. Rudeloff, A. Wallichs.

Band 7: **Chemische Technologie.** (Stoffbearbeitung auf chem.-technischem Wege.)

Band 8 und 9: **Siedelungen.** Bandredakteure: W. Franz und C. Hocheder. Bearbeitet von H. E. von Berlepsch-Valendas, W. Bertsch, K. Diestel, M. Dülfer, Th. Fischer, H. Grässel, C. Hocheder, R. Rehlen, R. Schachner, H. v. Schmidt.

Band 10 u. 11: **Verkehrswesen.** Bandredakteur: O. Kammerer.

Band 13: **Die technischen Mittel des geistigen Verkehrs.** Bandredakteur: A. Miethe.

Band 14: **Die technischen Mittel der Beobachtung und Messung.** Bandredakteur: A. Miethe. Bearbeitet von A. Miethe, E. Goldberg u. a.

Band 15: **Entwicklungslinien der Technik im 19. Jahrhundert.** Bandredakteur: W. v. Dyck.

Band 16: **Organisation der Forschung. Unterricht.** Bandredakteur: W. v. Dyck.

Band 17. **Die Stellung der Technik zu den anderen Kulturgebieten. I.** Bandredakteur: W. v. Dyck. Bearbeitet von Fr Gottl von Ottlilienfeld u. a.

Band 18. **Die Stellung der Technik zu den anderen Kulturgebieten. II.** Bandredakteur: W. v. Dyck.

Printed in Dunstable, United Kingdom

91219477R00077